从一般价值到核心价值

——社会主义核心价值观培育与践行的双重逻辑

裴德海 著

时代出版传媒股份有限公司
安徽教育出版社

图书在版编目（CIP）数据

从一般价值到核心价值：社会主义核心价值观培育与践行的双重逻辑/裴德海著. —合肥：安徽教育出版社，2012.12
ISBN 978-7-5336-7322-2

Ⅰ.①从… Ⅱ.①裴… Ⅲ.①社会主义建设—价值论—研究—中国 Ⅳ.①D616

中国版本图书馆 CIP 数据核字（2012）第 296128 号

书名：从一般价值到核心价值
　　——社会主义核心价值观培育与践行的双重逻辑　　作者：裴德海

| 出 版 人：朱智润 | 选题策划：万直纯　韩大勇 | |
| 责任编辑：邰　旻 | 责任印制：陈善军 | 装帧设计：许海波 |

出版发行：时代出版传媒股份有限公司　http://www.press-mart.com
　　　　　安徽教育出版社　http://www.ahep.com.cn
　　　　　（合肥市繁华大道西路 398 号，邮编：230601）
　　　　　营销部电话：(0551)63683010,63683011,63683015

排　　版：安徽创艺彩色制版有限责任公司

印　　刷：合肥创新印务有限责任公司　电话：(0551)64456946

（如发现印装质量问题，影响阅读，请与印刷厂商联系调换）

| 开本：650×960　1/16 | 印张：11 | 字数：150 千字 |
| 版次：2013 年 1 月第 1 版 | 2013 年 1 月第 1 次印刷 | |

ISBN 978-7-5336-7322-2　　　　　　　　　　　定价：35.00 元

版权所有，侵权必究

目 录

序　刘林元 / 1
前　言 / 1

第一章　一般价值观与核心价值观 / 11
　　第一节　价值与价值观念 / 11
　　第二节　一般价值观与核心价值观 / 19

第二章　核心价值观的一般指认 / 26
　　第一节　核心价值体系与核心价值观 / 26
　　第二节　社会主义核心价值体系与社会主义核心价值观 / 31

第三章　全球化背景下的价值观的变迁与价值多样化 / 42
　　第一节　中国传统核心价值观的形成 / 42
　　第二节　资本主义核心价值观的确立 / 47
　　第三节　空想社会主义核心价值观的面向 / 56
　　第四节　全球化与后现代价值观的特征 / 65

第四章　构建社会主义核心价值观的伦理基础 / 70
　　第一节　社会主义核心价值观探究历程 / 70
　　第二节　坚持人民主体是社会主义核心价值观之本 / 75

第五章　党员领导干部应成为培育和践行社会主义核心价值观的先锋 / 88
　　第一节　党员领导干部在社会主义核心价值观建设中的作用 / 88
　　第二节　加强党员领导干部的社会主义核心价值观建设 / 93

第六章　社会主义核心价值观的培育路径 / 99
　　第一节　社会主义核心价值观建构的路向 / 99
　　第二节　社会主义核心价值观的培育原则和科学方法 / 107

第七章　社会主义核心价值观建构的总体框架 / 113
　　第一节　公平正义：社会主义核心价值观的价值基础 / 113
　　第二节　以信仰为依托建构社会主义核心价值观的精神向度 / 119
　　第三节　以价值共识为依托建构社会主义核心价值观的大众期待 / 125
　　第四节　社会主义核心价值观培育的伦理环境 / 133

第八章　中国文化是形塑核心价值观的内在依据 / 142
　　第一节　中国传统文化与核心价值观的关联性 / 142
　　第二节　相容性与黏合剂：中国传统文化内在品质分析 / 148
　　第三节　普适性与独特性：作为文化价值"中国模式"的生成 / 152
　　第四节　改革与中国文化复兴的二重性：挑战与嬗变 / 157

参考文献 / 162

后　记 / 164

序

刘林元

党的十八大对于社会主义核心价值观的提炼，其本身就是一次重大的理论创新。其实，现有的"三个倡导"以及24个字，恰恰体现了社会主义集体主义的价值理想，而自觉培育和践行则是社会主义核心价值观完善和落实的必然选择。

我之所以强调社会主义核心价值观应体现集体主义，就在于社会主义意识形态必须要以马克思主义为指导，坚持社会主义前进方向，坚持为社会主义经济基础服务，为广大人民群众服务。社会主义意识形态凝聚力和吸引力的大小，取决于大多数人民群众的拥护和接受程度。社会主义意识形态采取什么样的价值观才能够给人民带来最大的利益，这是人们最为关心的。党的十八大提出倡导社会主义核心价值观，就是为了增强社会主义意识形态的凝聚力和吸引力，形成全民族奋发向上的精神力量和团结和睦的精神纽带，团结一致，齐心协力，把建设中国特色社会主义事业不断推向前进。社会主义核心价值观之所以能增强社会主义意识形态的凝聚力和吸引力，就在于它既坚持中国特色社会主义发展方向，又体现了全国各族人民的

共同理想和利益要求,它的灵魂是社会主义集体主义。在当代中国,只有坚持社会主义集体主义价值观,才能得到最大多数人的拥护,调动起最大多数人的积极性。改革开放以来,我们的经验已经证明,只有坚持社会主义集体主义价值观,才能凝聚广大人民群众的意志和力量。在社会主义初级阶段,在实行社会主义市场经济条件下,最有凝聚力和吸引力的还是社会主义集体主义,而不是有些人提倡的个人主义价值观。

改革开放以来,随着传统的计划经济向社会主义市场经济的转变,人们的价值观念发生了深刻的变化。一方面,为了适应市场经济发展的需要,产生了许多新的价值观念,如竞争观念、平等观念、效益观念等;另一方面,在市场经济物质利益的驱动下,传统的集体主义价值观、道德观受到冲击,国家民族观念、全局观念逐渐淡薄起来,而个人利己主义、拜金主义、享乐主义开始抬头,且有泛滥的趋势,有的公开推崇"个人本位主义"为我们时代的根本价值观。现在人们思想比较困惑:在市场经济条件下我们需要什么样的价值观?中国特色的社会主义意识形态还要不要坚持集体主义价值观的主导地位?对此,我们应该理直气壮地作出肯定的回答。

我们实行社会主义集体主义价值原则,这是由我国社会主义根本的经济制度决定的。公有制为主体的经济制度,决定了集体主义价值观念。公有制的经济基础,反映在意识形态上,必然要求价值观念上的集体主义与之相适应,我国在公有制为主的经济基础上发展社会主义市场经济,根本目的是为了迅速发展社会生产力,实现共同富裕,这必然要以集体主义价值观作为正确处理国家、集体和个人之间利益关系的指导。搞市场经济,并不是提倡只顾个人,不顾国家和集体,只顾自己,不顾别人。邓小平同志指出过:"我们提倡按劳分配,承认物质利益,是要为全体人民的物质利益奋斗。每个人都应该有他一定的物质利益,但是这绝不是提倡个人抛开国家、集体和别人,专门为自己的物质利益奋斗,绝不是提倡每个人都向'钱'看。要是那样,社会主义和资本主义还有什么区别?我们从来主张,在社会主义社会中,国家、集体和个人的利益在根本上是一致的,如果有矛盾,个人的利益要服从国家和集体的利益。"可见，是不是坚持社会主义集体主义原则，这是区分社会主义与资本主义的一个重要标志。

与社会主义集体主义价值观相对立的是个人利己主义的价值观。从数千年的阶级社会生长起来的个人利己主义价值观念，是私有制的产物，是剥削制度的产物。从历史唯物主义出发，我们并不否认个人利己主义在一定的历史时期对生产力发展和社会进步曾起过推动作用，但在马克思主义的科学的价值观产生以后，它在社会主义制度下就失去其存在的合理性和必然性了。个人利己主义在我国社会主义现阶段，由于它同以社会主义公有制为主体的经济基础不适合，同社会主义社会起主导作用的集体主义价值观念相对抗，已经成为过时的、陈旧的价值观念。诚然，由于当前我国允许个体经济、私营经济的存在和发展，个人利己主义还有一定的滋生土壤，但是为了社会主义的整体利益，为了使个体经济、私营经济能够真正发挥其作为社会主义经济补充的作用，则不仅仅在全社会不能以个人利己主义价值观为指导，就是对个体经济、私营经济本身也不能以个人利己主义为指导，而应提倡个人利益与国家和集体利益相统一的集体主义价值观。应当承认，我国还处于社会主义的初级阶段，经济成分和价值趋向的多元化是客观存在的，但以社会主义公有制为主导的经济基础和社会主义集体主义价值观的主导地位，也是客观存在的。从价值观来说，真正反映社会主义本质、体现社会主义方向的是集体主义。坚持集体主义价值观，反对个人利己主义的价值观，这是时代的要求，是增强社会主义意识形态凝聚力和吸引力的关键。

我们知道，在社会主义初级阶段，存在多种利益主体和利益要求，价值观的多元存在是必然的，我们也承认一些价值观的合法性与合理性，但作为社会主义的核心价值体系应该代表大多数人的价值观，代表时代前进的方向，应该与社会主义初级阶段主流意识形态相吻合，能增强而不是削弱其凝聚力和吸引力。无论从实践要求还是逻辑要求，只能是社会主义集体主义，而不是什么别的"主义"。社会主义集体主义既是道德原则，也是价值原则。

我们坚持集体主义的价值原则的出发点是——人民群众是历史的主体和创造者,是推动历史前进的决定力量,人民群众的利益是社会主义国家的最大利益,我们的一切考虑都是为了人民群众的根本利益。集体主义的价值观是"人民本位"的价值观,这是历史唯物主义的一个根本指导思想。只有以马克思主义为指导的社会主义国家,才能旗帜鲜明地坚持集体主义为本位的价值观。

当然,集体主义价值观并不是从社会主义才开始有的。在人类社会早期,还没有自觉的价值观时,朴素的集体主义价值观念就已经有了。即使在个人主义、利己主义统治意识形态的私有制社会,集体主义的价值观也未消失,只是它不占统治地位而已。世界上每个民族都有属于集体主义性质的价值观念传统。但是过去的集体主义不可能摆脱唯心主义历史观的束缚,表现出明显的社会历史和阶级的局限性,绝对没有达到自觉和科学的程度。我国社会主义集体主义的价值观跟马克思主义以前的集体主义有很大的不同,表现出它明显的特点。第一,社会主义集体主义的价值观是建立在对人类社会发展规律科学认识的基础之上的,它以历史唯物主义作为世界观的指导,以社会主义根本制度作为自己的基础,以共产主义作为理想和目标,是科学的、自觉的集体主义。第二,社会主义集体主义坚持人民本位的价值观,人民摆脱压迫、剥削,当家做主,自己掌握自己的命运,"为人民服务"是这一价值观的最高宗旨。第三,社会主义集体主义以全体人民政治上平等、经济上共同富裕、积极性创造性得到充分发挥为追求目标。第四,社会主义集体主义价值观以高度的物质文明和精神文明作为社会进步的价值标准,它要求社会全体成员为建设两个文明贡献自己的力量,同时也共同享受两个文明的成果。第五,社会主义集体主义价值观以公有制作为自己依存的基础,倡导劳动光荣,劳动致富,劳动创造价值。这些特点不仅与个人利己主义价值观是对立的,而且也是过去任何时代的集体主义所不具备的,它有着以往的集体主义和个人利己主义所无法比拟的社会凝聚力和吸引力。

当然,在倡导并坚持集体主义这一社会主义价值观的同时,对其他的非主流、非集体主义的价值观,我们也不要采取简单粗暴的办法,不搞强迫命令,不乱上纲、乱戴帽子。恰恰相反,对于古今中外人类文明的进步价值,社会主义只会吸纳而不是拒斥。

裴德海正是基于如上的逻辑关联进行思考的。本书在纵向度上采用自下向上式的论证,在横向度上采用由西方向中国、由底层次一般价值向高层次核心价值的论证。这在同类研究中具有鲜明的特色。当然,指望一本书的努力就可以解决核心价值观的凝练,那也是不现实的,但这本书标志性的意义又是显而易见的。

(作者系我国著名马克思主义哲学家,
南京大学哲学系教授、博士生导师)

前　言

我们知道,自上世纪六七十年代以来,西方人经历了二战以来最严峻的价值崩溃与重建的考验,其中出现过1968年的学生反抗运动,这是一次用战争反省与社会反省相结合的价值重估。其结果,直接造成西方启蒙运动以来为人们坚信的现代价值的解体,理性主义、进步主义、普遍主义的价值观都受到前所未有的全面挑战。随之而起的,是建立在相对主义价值观基础上的,理性与非理性交织、进步与退化连接、普遍与特殊混杂的价值观念。一时之间,西方世界的价值混乱引发人们的描述与思考热情。回望今天的中国,国家已从总体上由温饱过渡到小康的处境变化,以及整体上遭遇现代化纵深地带的价值难题,迫使我们进行深刻的反思。

近30年,中国的价值世界发生了太多裂变,但不论是实证研究,还是总体判断,都需要建立起对当代中国价值进行观察、描述和分析的恰当前提。但正是某些前提预设,构成我们进入当代中国价值世界的障碍。

从总体上看,当代中国价值变迁就是传统价值观崩溃、现代价值体系建立的过程。但人们似乎愈来愈期待一种独具"中国特色"的现代价值体系。是不是存在一种区别于所有现代国家的、别具中国国家特色的价值观呢?答案应该是否定的。价值世界是对现实世界的一种反馈或者提升。中国30年来社会变迁的总体趋势,决定着中国人价值观变迁的整体走向。在中国从传统到现代的变迁中,市场经济的兴起、民主政治的建设和社会生活的丰富,即中国社会变迁总体上向现代格局的推进,注定了中国的价值变迁向现代价值的逼近态势。另外,我们还注意到,当代中国价值变迁的基本情形,同样显现为中国人的价值缺失和价值紊乱。改革开放30年,促使中国进入了一个特殊型的经济社会。与改革开放前相比,农业社会的稳定价值体系崩溃了,革命社会的价值吸引力也已经所剩无多。但"旧的"价值已去,"新的"价值尚未形成。在主观感受上,人们觉得价值彻底流失了,中国陷入了价值虚无主义的泥潭。因此催生出两种寻找现代中国价值基准的偏向,其中一个偏向是通过传统的价值视角衡量现代的价值。中国的传统价值也有两种,一是中国古典传统价值,一是马克思主义新传统的价值。前者注重的是个体心性修养,后者强调的是集体主义。前者的现实支持力量较弱,后者的实际号召力也有变形。其实,我们以现代价值视角审视变动着的当下中国价值结构,我们也许会发现,对西方而言,现代价值从最初的萌生到最后的成熟,经历了数百年的时间。西方国家对现代价值的规范表达、体系建构,是一个极其漫长的过程。变迁中的中国人的价值状态是流动性的,既能够捕捉到一些传统信号,也能够捕捉到一些现代信息。但是,它既不能在模式上归结于传统价值观,也不能在构成特点上归结于现代价值观。这是我们今天对中国的价值世界进行把握、理解、概观的时候常常有点价值失语的原因。稍加分析,我们不难发现,当代中国价值观正面临深刻的焦虑。而要分析当代中国价值观问题,我们就有必要追本溯源,来研究、探讨中国价值观的历史沉淀及其发展。

一、中国传统价值观念生成

一个民族的价值观念必然根植于民族文化固有的概念体系,智慧的火花在历史的进程中源源不绝地在思维中迸发,先哲们反复进行思维的碰撞与启迪最终对"道"的解悟带来精神的超越。中国价值观念同样脱不掉传统哲学智慧的传承与发扬,并使其孕育出了鲜明特征。

(一)由封闭地理条件下形成的自给自足与安于现状带来"中庸"居间的价值观念

中华民族发源于黄河流域,东临太平洋,西有高山戈壁及青藏高原,南对印度洋,北倚大漠与森林,一定程度上与其他文明中心距离较远。这种封闭状的地理空间结构,导致了华夏古代文明大陆化的封闭特点:平原广阔、土质肥沃、河流众多、人口密集,惯于自给自足却不利于开放及商品交换。于是在中国古代大都是小农业与家庭手工业的结合,这一方面弥补了农业生产的不足,同时又使农民愈加依赖家庭经济,这缩短了生产与消费的距离,同时也切断了生产与交换的动力。

尽管在封建社会几千年的改朝换代中,中华民族政治地理概念经过"合久必分,分久必合"的演变,在不断更替或扩大着。但是,封闭的地理状况与生产经营特点对国人价值观念的形成产生了巨大的影响。人们安于既定的一切,满足于存在的合理性,只知其"然",不去问"所以然",习惯于世间万物的悠久、稳定,乐于守常,坚信永恒,最终在日常生活中表现出好常恶变、因循守旧,于是在行为判断与价值把握的标准上,形成"中庸"之道,认为道德的"善"、行为的"优"在于两种互相对立的行动和品质的"中庸"、"不偏不倚"。《中庸》开宗明义说言:"不偏之谓中,不易之谓庸。中者,天下之正道。庸者,天下之定理。"《中庸》作为"四书"之一,积极宣传中庸之道,影响很大。不主张积极的变革,不要求割裂的蜕化,中国价值观念分寸把握上的中庸性质,对中华民族心理定式的形成,产生了重要的影响。

(二)家国一体政治历史条件下的"公"、"私"混同导致了人治主义的价值观念

分散的小农业和家庭手工业结合的自给自足的自然经济是中国历史的经济基础,以血缘关系为纽带的宗法等级制度是其捆绑的上层建筑。

从奴隶社会到封建社会始终一贯的君主专制制度在中国发展得十分完善和巩固。与分封的诸侯国通过兼并战争而走向"天下一统"的中央集权制国家的道路相伴,中国哲学在封建社会获得了充分的发展。但是这种哲学的发展一直在封建君主国家的家族统治之下,改朝换代的同时也是改换门庭,纵然是农民起义也离不开姓氏和家族。究竟是天下为"公",抑或是天下为"家",相互缠绕,难于区分。在所谓"一人得道,鸡犬升天"这样的政治历史条件下,价值观念监管难脱窠臼。

中华民族跨入文明的门槛后,血缘纽带未曾崩解,宗法社会得以长期延续。宗法社会、血统联盟构成生活制度的基础,而血统联盟得以运转,不是依靠法治,而是遵循以血亲意识为主体的礼俗习惯。礼治主义强调人有贵贱尊卑长幼亲疏之别,所以直接通向长老统治,即人治。宗法伦理突出长者的道德优势,结果使得血缘上的先进性变成了法权上的优先性。宗法社会

是人治产生的根源,也是人治生存的土壤。在国家范围内,君主具有绝对的权力;在家族范围内,家族长老拥有绝对的权力,纵然百家争鸣中法家占有一席之地,但终归难抵儒家思想的多年洗礼。

(三)文化渗透下的人伦本位与"义"高于"利"带来德性至上的价值观念

中国传统价值观念的出发点认为人类有高于一般动物的崇高价值。《孝经》云:"天地之性,人为贵。"《老子》道:"道大,天大,地大,人亦大。域中有四大,而人居其一焉。"《易传》以天、地、人并立为"三才",且以人为本位。

人比万物贵,人与天地并,是中国哲学价值论最根本的观点,这支配着中国人一直以现实的理性态度对待社会人生问题,不耽于抽象的思辨,不溺于神秘的信仰,故而宗教价值意识淡薄,同时也形成了相信人的道德和力量能创造奇迹的民族传统,如"愚公移山"等各种传说。

中华民族传统文化中,关于义与利的价值地位问题,虽有一定争论,但儒家义重于利的观念基本上占统治地位。孔子认为:"君子喻于义,小人喻于利。"(《论语·里仁》)孟子继承了孔子"重义轻利"的思想,认为:"王何必曰利?亦有仁义而已矣。"(《孟子·梁惠王上》)朱熹也说:"仁义根于人心之固有,天理之公也;利心生于物我之相形,人欲之私也。"(《四书章句集注》)从孔子到朱熹,尽管他们并非绝对排斥利,但在根本道德价值取向上,有明显的"重义轻利、贵义贱利"的倾向。

于是,人被视为一种道德的存在,有无"道义"被视为人与非人的临界点。而德性和私欲是对立的,民族文化传统强调义大于利,主张寡欲,反对奢侈,主张修身养性,培养一种品德情操。中国传统哲学主要探讨行为的规范而不是对自然的知解,重视的是善的问题而不是真的问题,是人伦的问题而不是自然的问题。中国传统文化中道德哲学格外发达,道德论压倒知识论,以至于有人认为,中国之学即德性之学。

二、中国传统价值观念流变

传统的价值观曾是维系中华民族生存和发展的重要精神力量,但今时不同往日,随着经济的迅猛发展和社会文化的种种冲击与激变,价值观念也在逐渐嬗变。现代的价值观念已经全然不同于中华民族的传统认知了,但价值观念是具有惰性或稳定性的,它一旦形成,就在思想意识中长期占据人们的头脑,左右着人们的思想和行为,无法随着社会的变化而迅速变革。

一方面,在漫长的文明发展和演化中,传统价值观念积淀了深厚的文化遗产,逐步形成并确立起一种体系完整、导向明确、规范细致的价值评价标准体系,体现了独具风格的东方精神。这种价值评价标准体系对于维护中国古代社会政治经济的发展和民族团结及社会稳定起到了无可替代的重要作用。作为历史遗产,即使在当代社会,传统价值观中所包含的某些思想和观念,仍然值得我们认真吸取,如《周易大传》中的"自强不息,厚德载物"是广泛流传而又具有推动文化发展的积极作用的精湛思想。还有如"仁爱礼让、诚实守信"的道德风貌,"安贫乐道"的行为方式,"义大于利、舍生取义"的大丈夫人格,"民贵君轻,得其民而得天下"的民本观念等,无不塑造着我们民族的灵魂和特质。

另一方面,它又束缚商品经济的生长发育,扼杀人的个性自由,阻碍社会向近代和现代转型。不管是西欧还是美国都有这样一些共同的价值观,如重视个体作用和利益,重视科学知识,重视民主和个性自由,强调竞争、进取和创新等。在社会的近代转型和现代转型中,这些价值观无疑发挥了重要的促进作用。与此相反,由于中国的传统价值观重群体而轻个体,扼杀人的自由个性和创造精神,剥夺人的权力和权利,反对竞争,因此中国社会到了近代以后越来越僵化和停滞,无法形成促进向近代和现代社会转型的系统"合力"。

于是,社会主义制度建立后,对传统价值观念进行了彻底的革命的改造,批判和否定了封建伦理中的不平等规定,这种新型价值观念的强制建立未曾对传统价值观念进行全面的认识和梳理,及至后来,在极"左"思想的影响下,对传统价值观念采取了一种虚无主义的态度,全面否定了传统伦理,对基本的人道主义原则也一概拒斥,致使传统价值观念出现某种程度的断裂。

三、中国传统价值观念与现代性的冲突

价值观念的变革通常是：开始，社会价值观念出现紊乱和多元化现象。原来的社会主导价值观逐渐失落，致使许多人茫然无所适从，产生种种困惑。继而，维护旧秩序的价值观念和代表历史进步要求的价值观念发生激烈冲突，旧的价值观念暴露出严重的缺陷和深刻的危机，而新的价值观念则显示出强大的生命力。最后，经过实践的检验和理性的论证，人们选择和接受新的价值观念。但这种新的价值观念是在继承旧的价值观念的优秀传统基础之上，经过"扬弃"合理地吸收当代积极价值观念后形成的，从而完成价值观念的新旧更替。

在市场经济体制建立的过程中，必然存在一个利益结构重组的过程。各种利益主体之间的矛盾和冲突也不可避免地从以权威控制为特征的权力过分集中的体制向建立在个人自由平等基础上的民主法治转变，从浓重的私人感情和身份地位制约社会关系的人治社会向由法律来调适和在"法律面前，人人平等"的法制社会转变，从传统的、落后的单一文化向现代的、先进的多元文化转变等，这不仅是政治经济发展的客观要求，更在于急剧变动的社会生活向社会文化的核心、价值观念提出了崭新的、不同以往的要求。因此，在价值观念的塑造与构建中，传统与现代不可避免地会出现一定的矛盾冲突：

（一）道义价值和功利价值的冲突

我国长期以来占主导地位的价值取向是以义为本的价值观，即使在改革开放前的社会主义观念形态中，也概莫如此。但是，随着市场经济的发展和经济体制改革的深入，原有价值取向中的片面性和极端性也就明显地表现出来了。市场经济是一种以市场为机制，以个体为本位的经济体制，物质财富不断增长，消费需求日益高涨，人们的物质生活得到了极大丰富，这就引发了不同价值观念的冲突，甚至在一定程度上导致了社会物质追求与精神追求的分裂。

(二) 安于现状与追求自由发展的冲突

自由是人的本性、本质或存在状态,被看做是一种值得追求的特殊价值和美好事物,这一点自近代以来越来越为人类所认同。首先,自由是人类的一种需要。马克思指出"没有自由对人来说就是一种真正的致命的危险"。汤因比说:"没有一种最低限度的自由,人就无法生存,这正如没有最低限度的安全、正义和食物,人便不能生存一样。"其次,自由是自我实现和社会进步的根本条件。自我实现是实现自我的创造潜能,充分发挥创造性。自我实现的程度取决于个性发挥的程度。个性发挥得越充分,其创造潜能越得到实现,自我实现的程度就越高。社会是由个人组成的,每个人的潜能发挥得越充分,自我实现的程度越高,他为社会创造的物质财富或精神财富就越多,社会也就越繁荣、越进步。因此,自由虽然不是社会进步的唯一因素,但却是社会进步的重要因素。

在中国传统文化中,儒家正统提出"存天理、灭人欲",主张严格限制人的欲望,压抑人的正当需求,这在一定程度上表现出在我国传统的价值观中,自由被认为是秩序的腐蚀剂,社会动荡不安的根源,自由是"随心所欲、目无法纪"的代名词,这一点成为价值观念现代化的障碍。

(三) 家族宗法制与平等法制观念的冲突

平等是人类自古以来向往和追求的美好理想。所谓"平等",是人们在社会上处于同等的地位,在政治、经济、文化等方面享有同等的权利。古代的平等观念一般是朴素的,是底层的、受压迫的平民要求平等的反映,侧重于结果平等,而现代的平等观更侧重于机会平等,注重起点平等。我国自古以来都盛行平均观念,却没有生长出现代意义的平等观念。

我国古代思想家早就提出了以民为本的思想,如"民贵君轻"、"民为水,君为舟,水可载舟,亦可覆舟"等。孟子的民本学说最有代表性,"民为贵,社稷次之,君为轻",有人据此断言中国古代就有民主思想。其实民本思想与民主思想有很大的距离,"五四"新文化运动高举"科学"与"民主"的大旗,从此,科学与民主的观念才逐渐为国人所接受并逐渐深入人心。

市场经济价值观和西方现代文化价值观以强大的张力对中国传统文化观念、马克思主义和社会主义观念进行着双重消解。中国传统文化中封建性糟粕和民主性精华有可能同时被消解掉。譬如,现代市场经济所特有的务实趋利观念,对中国儒家"重义轻利"的观念有巨大的消解作用,消解的结果有可能是"君子言义,小人言利"的陈腐观念被彻底否定。而"国家兴亡,匹夫有责"的合理观念也一同被抛弃。再如,现代的个体本位观念,对中国传统的社会本位观念有很大的消解力量,消解的结果可能是忽视个体、抹杀个性的封建禁锢被打破了,而集体主义、团结合作的进步风尚也被践踏。因此,社会转型时期,我们有可能始终面临价值观念冲突、选择和确立的重重困难。

四、在冲突中寻求新的平衡

现代价值观念不可能凭空出现,它是从传统价值观念中脱胎、蜕变而来的,这就决定了必须通过对传统价值观念的辩证,创造性地建构现代价值观念。传统价值观念是一个复杂的集合体,它作为历史的累积,势必泥沙俱下、鱼龙混杂、良莠并存,既有其顽强的生命力,又有其明显的保守性。当代中国社会的一个最显著特征,就是价值观念的变革与冲突,旧价值观念和规范中的不合时宜的一些成分因受到普遍怀疑而失去了权威性,遭到了遗弃,而新的观念和规范尚处于初步探索和孕育之中。人们从来没有像今天这样急切强烈地需要相对稳定的价值观念的支撑,需要在变动不定的生活世界中寻求到一个安定的精神家园。

当下中国社会价值观念领域的一些混乱和冲突是必然出现的正常现象,也是社会进步过程中所面临的一个良好的历史契机,价值观念冲突将反过来刺激和促进社会转型。价值观念的变革与冲突是新的合理的社会价值观念产生的必然过程,这个过程是痛苦的、漫长的,同时也是意义深远的。在建设社会主义核心价值观过程中,在对待价值观传统性与现代性的矛盾问题上,既不能全盘否定,也不可照搬照抄,务必吸取其中积极合理的价值观念,补充反映新时代特征和精神的价值观念内容,才能建构行之有效的社会主义核心价值观。

毫无疑问,中国传统价值观念的形成和发展,给予我们今天的启示就是,必须坚持主导性与宽容性相统一是价值观构建的基本规律和首要原则,加强价值观建设一定要坚持正确的价值导向,同时允许各种合理的不同层次的价值观在一定的范围内存在并发挥作用,只有这样才能在总体上保持不同的利益群体和社会成员之间一定程度的协调和合作,保证整个社会主义价值观的健康发展。

历史是一个发展着的可能世界,没有新的挑战及对挑战的回应,没有新的问题及对问题的不断克服,就不可能有文明的演进。正是在这个意义上来看,当代价值观念领域的深刻嬗变及影响,又一次给中华民族的精神、文化发展提供了一次难得的历史机遇。因此,我们完全有信心展望未来,一种新的生活范式正悄然来临。然而,新价值观念的建设并不仅仅是一个理论问题,它也是一个实践问题,在实践中思考、归纳、总结,在实践中重新加以检验与变革,这是新价值观念形成的必由之路。

近几十年来,关于"中国模式"的讨论逐渐兴起。在讨论中国模式的过程中,人们不可避免地就会涉及它的理论基础、群众基础、事实根据,因此越来越多的人在谈论中国价值观的研究。作为一个不断复兴当中的社会主义中国,她的文化根基到底是什么?她的核心价值观到底为何?

党的十六届六中全会首次提出"社会主义核心价值体系"这一概念,它包括四个方面的基本内容,即马克思主义指导思想、中国特色社会主义共同理想、以爱国主义为核心的民族精神和以改革创新为核心的时代精神、以"八荣八耻"为主要内容的社会主义荣辱观。

提出这一价值体系,无疑具有重要的作用,然而这一"政治概念"的提出还需要与我们的公民社会相联系,找到一条可能的实现路径。鉴于此,本书试图解读一个为大家所知晓而又经常误解的概念——社会主义核心价值观,作者希望通过对它的解读,试图为当今中国的文化价值困局找到一剂良药。

中国共产党第十八次代表大会从国家层面上倡导富强、民主、文明、和谐,从社会层面上倡导自由、平等、公正、法治,从个人层面上倡导爱国、敬业、诚信、友善,实现了政治理想、社会导向和行为准则的统一,实现了国家、集体、个人在价值目标上的统一,这是我们党在社会主义核心价值体系建构中的重大创新。

同时,十八大又号召全党进一步培育和践行社会主义核心价值观,基于此,本书旨在通过以大众作为基点探求培育与践行的双重逻辑。

第一章　一般价值观与核心价值观

第一节　价值与价值观念

价值或价值观念,是融理论、实践和发展于一体的综合性研究对象。任何价值观念最初都是在实践和发展中所产生并逐步形成的一种崭新的思想观念。这种观念一旦形成就会作用并指导于社会实践,推动社会的发展。当今世界所形成的政治经济格局以及各国所确定的发展模式,说到底都与其各有区别的价值观念有关。因此,弄清价值与价值观念的基本问题,并作深层次的探讨,有利于社会主义核心价值观的培育。

一、关于价值与价值系统

(一)价值及其基本问题

1.价值

价值是个内涵十分宽广的文化概念,它不仅是经济学研究的对象,而且也是几乎所有社会科学学科研究的对象。所以,价值的概念无疑也是一个多学科的文化范畴。尽管不同学科对价值概念的界定各有不同之处,但却具有共同的普遍意义的规定。马克思曾说过:"'价值'这个普遍的概念是从人们对待满足他们需要的外界物的关系中产生的……"[1]因此,只有从主体与客体的相互关系中去寻找和把握价值的真正含义,才能发现价值的本原

---

[1] 马克思恩格斯全集:第 19 卷[M].中央编译局,译.北京:人民出版社,1963:406.

和本质,认识人生价值的真谛。

人类社会生活的实践告诉我们,价值是指在主体与客体相互作用的过程中,客体能够满足主体需要的属性与功能。由于价值主体和客体既具有自然属性,也具有社会属性,所以体现满足主体需要的价值既可以表现为自然属性的价值,也可以表现为社会属性的价值,是两种价值的统一。那么,作为价值客体不仅是指各种物,而且是指各类人以及由人构成的各种社会活动、社会关系、思想观念、理论学说、道德规范、社会制度、管理方式等,所有这些都可以被视为价值客体的载体。同样,价值主体也可以是指个体、群体、组织,甚至一个民族,或一个国家与国家集团等。而价值的实质就是客体属性和功能与主体需要之间的肯定关系——价值关系,这种关系反映了客体对主体的价值是从主体与客体的相互功能转化中表现出来的。假若主体和客体都没有这种转化的功能,价值就不可能发生。

因此,主体所具有的功能,就是主体对客体的作用所引起的一种反应,即需要的满足方式与状态。而客体所具有的功能,同样是客体对主体的作用所引起的一种反应及其后果,从而可以满足主体的需要。这里说的主体与客体之间存在的相互功能,是价值关系形成的前提。价值关系是由功能关系的发展表现出来的,功能关系成为价值关系的基础,反映了价值的客观性。然而,客体与主体价值关系的形成和价值实现,还有一个重要的基本前提,这就是实践活动。客体所具有的价值只有通过实践,才能使主客体的功能相互转化从而形成价值关系,才能实现价值,满足主体的需要。从这个意义上看,价值是由实践创造的,而价值的创造则主要在于满足人的需要。由于人的需要是由人的本性所决定的,加之实践的主体也是人,所以人也会根据自己的需要来不断地创造价值。价值起码是由三个基本因素所构成的统一体,即价值主体、价值客体以及主客体相互作用的实践活动。张岱年先生曾就价值作了深刻的剖析,认为价值有三个基本层次,即客体可以满足主体的需要、对这种需要的评价以及对需要的主体本身的评价。这是对价值概念的重要补证。假若价值主体的需要是损人利己和损公肥私的,那就很难说这种价值是真正的价值。同样,主体本身所反映的属性与功能也是毫无价值的。

2. 与价值相关问题的研究

首先,价值的概念,只是一般意义上的概括,在社会生活实践中,价值事实上表现为现实价值与潜在价值的统一。比如我们讲共同富裕是社会主义的基本价值之一,但要实现共同富裕,又必须提倡让一部分人先富起来,通过先富带后富,先富帮后富,达到共同富裕的目的。正鉴于此,让一部分人先富起来的政策及其导向不仅具有现实价值,而且还体现着深远的潜在价值。同样,人们经常谈论要使人的个性得到充分发展和完善,但个性发展是有过程有规律的,我们没有理由认为个性发展过程中的某一点变化就没有价值,实际上每一点都体现着现实价值与潜在价值的统一。可见,在大多数情况下,价值的体现并不像人们吃饭满足饥饿的需要、睡眠满足休息的需要那样简单,何况许多潜在的价值尚未被人们所意识,更多的潜在价值还有待于实践的深化和丰富,有待于社会的发展。

其次,价值主体与价值客体之间相互作用的关系不是单一的,而是多样性和多层次的。从价值主体与价值客体相互功能转化所形成的价值关系的过程来看,起码包含了主客体之间的三对关系,即实践关系、认识关系和价值关系。

主客体之间通过实践关系发生作用,产生认识关系并进而形成价值关系,三对关系相互依存、相互包含,存在于人与自然、人与社会、人与人的各种关系之中。但是,三对关系中实践关系是最基本的关系,因为通过主体能动的实践活动,从而也使客体的本质和规律规定和制约着主体的活动,引发主体的认识和评价,并以这种认识和评价将客体变成有价值的东西,服从主体的利益和目的。我们可以毫不夸张地指出,正是由于人类实践活动的这种特性及其关系,才会不断地发现价值,创造价值,升华价值,推动着社会的发展。

第三,价值不仅表现出共同性和特殊性,而且还体现着民族性和阶级性,所以任何价值都处于绝对性和相对性的统一体中。社会主义从理想、学说、运动到制度都无疑是有崇高价值的追求和事业,但对资产阶级和资本主义社会而言,可能是没有价值的,这是由阶级性所决定的。因此,民族性和阶级性体现着价值的特殊性,人类对价值关系的认识正是这种共同性与特殊性所体现的对立统一关系的反映。可以肯定,价值都是相对而论的,绝对价值存在于相对价值之中。

（二）关于价值系统

关于价值系统的内涵,学者们曾有过多方面的探索,大都认为价值系统是价值实现的内在机制,是价值诸要素的有机结合。我们认为价值系统既是社会文化结构的一个核心部分,又是一定社会中实现价值、创造价值和评判价值的最基本的依据。因而,价值系统是由许多子系统构成的,并在相互联系、相互作用、相互生发的过程中实现和创造价值的。如有的学者指出,价值系统包括价值发生系统、价值判断系统和价值控制系统三个子系统。有的学者则认为,价值系统最主要的子系统无非有两个,即观念系统和行为系统。实际上,尽管这些研究与观点的角度和提法都有所不同,但仔细推敲一下各自的出发点和所提问题的实质,我们可以发现似有殊途同归之感。

我们认为考察价值系统及其构成因素必须从价值实现的整个过程中去探索,这个过程无疑包括两个彼此相关的部分,即内在部分和外显部分。内在部分包括人的价值意识、知识能力、价值评价、价值关系、价值目标、价值取向以及有关价值的各种观点、见解和看法。外显部分既包括从事价值活动的主体行为系统,也包括控制和调节系统。因此,我们可以将价值系统分为认知子系统和行为子系统两个有机的部分。价值正是在这两大系统的相互作用中实现并升华的。

二、个人价值与社会价值

（一）概念的提出

马克思曾明确指出,人的本质并不是单个人所固有的抽象物。在其现实性上,"它是一切社会关系的总和"。① 那么,分析人的价值就必须在这个"社会关系的总和"中去考察。就人的价值而言,在本质上它是个人与社会

---

① 马克思恩格斯选集:第1卷[M].中央编译局,译.北京:人民出版社,1995:56.

的关系在认识上的一种反映和概括,既包括个人对社会的责任和贡献,也包括社会对个人的尊重和满足,是个人价值与社会价值的统一。所谓个人价值,就是以个人为价值主体,以社会为价值客体而言的。它在这一价值关系中,是指个人通过自己的劳动,社会对个人以多大程度的回报与满足,以及实现个人存在与发展的需要程度,从而印证了个人的劳动贡献与价值。人的社会价值是以社会为价值主体,以个人为价值客体的。它在这一价值关系中无疑也是以个人的劳动为基础的,主要是指个人的责任与贡献,以及这种责任与贡献能够适应和提供社会需要的程度。可见,人的价值本质上应该是个人价值与社会价值的统一,两种价值的基础都是劳动,都离不开丰富多彩的社会实践。

(二)相互关系

首先,个人价值是社会价值的一种体现,社会价值是个人价值的基础。因为人的价值不能脱离社会而存在,个人价值只能在工作中体现出来,只能通过社会实践得到验证。如果离开个人与工作、个人与社会来空谈个人价值,那么这种价值将是难以实现的。所以,个人价值绝不是孤立的自我满足自我需要的价值,它是以个人的工作实绩和对社会的贡献为前提的,是自我与社会相统一的价值。爱因斯坦曾深有体会地说:"一个人的价值,应该看他贡献什么,而不应当看他取得什么。"一个人对社会的价值首先取决于他的感情思想和行动对增进人类利益有多大作用。

其次,个人价值与社会价值是价值体系中两个相关层次的价值概念,既不是并列关系,也不是先后关系。在人的价值系统中,社会价值是主导性的起决定作用的价值,个人价值则是从属性的并通过社会价值才能起作用的价值。其原因一方面是由于一定历史时期社会经济发展和物质生活条件的客观性决定着社会为个人价值的实现提供条件的能力,另一方面整个社会所形成的社会价值观念及其与此相应的行为规范也制约着个人价值的实现。因此,社会价值是高层次的价值,离开社会历史发展的具体条件,抽象地谈个人价值是毫无意义的。作为社会关系中的个人,只有关注和促进整个社会的进步与发展,具有奉献精神和奉献行为,才能实现自身的价值。

第三,自我价值不等于个人价值,并与社会价值相矛盾。自我价值是作为主体的个体行为对自身需求的满足,它强调价值的自我实现,这是不少西方学者推崇的一种观点。这种观点把人借以存在的社会生活和物质条件以及由此而形成的社会关系及其形态排除于历史视野之外,把人看成超脱于社会现实之上的抽象的生物实体和精神实体。因而,自我价值脱离了价值的社会实践内涵,否定了人的社会存在,是无法实现的。在现实生活中,假若自己满足了自己的需要就算实现了个人的价值,那么许多自私自利、巧取豪夺,采取各种手段满足自己需要的人,就成了最有自我价值的人。而乐于助人、奉献社会、自我牺牲的人,反倒成为没有自我价值的人了。可见,自我价值并不等于个人价值,只有当自我价值能够体现价值主体所处的社会需要时,自我价值才具有真正的个人价值和社会价值。

三、关于价值观念的概念与内涵

(一)价值观念的概念与类型

首先,价值观念是与价值和价值系统有关的又一重要概念,是价值概念的进一步延伸。我们知道价值是在主体与客体相互作用的实践中,客体能够满足主体需要的属性与功能。既然如此,价值本身就有一个发生和实现的过程,这个过程与主体的行为密不可分,价值观念正是在价值发生与实现的过程中表现于主体行为背后的观念形态的核心内容。因而,价值观念可以被认为是人们在价值基础上形成的具有对行为的指导性和取向性的有关事物效用的观念意识。再通俗些说,价值观念是价值主体用以判断和衡量价值客体(包括各种事物、现象和行为等)的基本标准与尺度。所以,价值观念通常是与价值目标、价值标准和价值评判等因素联系在一起的,从而形成了一个观念体系和评价框架,并表现为一种取向准则。

可见,价值观念对一个人、一个群体、一个国家或整个社会来说都是非常重要的。一个社会的价值观念如何,既是社会结构与社会实践取向的结果,又反过来影响着社会的结构及其实践走向。这表明:其一,价值观念的形成直接受到社会现实利益取向的影响,但它一旦形成又反过来影响着社会现实利益的实践取向。其二,价值观念直接影响着特定社会中人们的思想观念,进而影响着整个社会的精神风貌。良好的、体现社会发展方向的价值观念可以导致好的思想风尚和精神风貌的形成,引导人们积极向上,多作贡献;而不良的价值观念则会导致有害于社会正常思想风尚和道德意识的思想观念的产生,有碍于社会的发展。其三,价值观念对价值主体的影响既具体细微,又深远稳固,所以好的价值观念有益于主体和整个社会的发展,反之亦然。

其次,价值观念同社会中的任何事物一样都会表现出各种各样的形态和类型。探讨价值观念的分类,取决于分类的目的和划分的标准。从持有价值观念的不同主体来划分,可以分为个体价值观念、群体价值观念和社会价值观念三类。个体价值观念为个人所持有,体现着个体对某种事物、现象以及行为的判断和评价;群体价值观念则为群体所持有,包括组织、集团、民族等群体形式;社会价值观念是一个特定社会形态中所形成的总的价值观念和取向准则。在这三类价值观念中,社会价值观念是影响最大并决定整个社会价值取向及其标准与尺度的根本性观念。个体和群体两种价值观念服从并体现社会价值观念的基本要求和规范,受社会价值观念的制约和影响。反过来,个体和群体的价值观念又作用和影响着社会价值观念的实际内涵。因此,社会价值观念是一个社会的根本性文化观念,它来自实践,又指导实践,是高层次的,其他两种价值观念是依次位于这个层次之下的。

从价值主体评判标准的实质看,还可以分为功利型、双向型和奉献型三类价值观念。功利型价值观念是以功利主义的态度看待事物和处理问题的,强调个人价值的实现,其取向标准是以对己有利与否为原则。在利益均衡上只注重个人、所属群体或集团的利益,不注重对方的利益和力量。更有甚者将导致极端功利主义的出现,并表现出顽强的排他性。双向型价值观念即为付出与获得对等的价值标准、判断原则和行为取向。这种观念把工作与报酬、贡献与索取联系在一起,主张有条件的投入和贡献,强调要与获得相一致。奉献型价值观念在处理个人与他人、个人与社会的关系上,能以"利他"的标准作为确定个人价值标准、价值目标的根本原则,强调个人的社会价值和对社会的贡献,不注重社会或他人对自己的回报,不注重索取。在三类价值观念中,双向型是社会生活中较为广泛且具代表性的一种观念形态,现在大多数青年人主张这种观念。

(二)价值观念的形成与发展

价值观念的形成与价值的发展和实现过程密切相关。在价值主体与价值客体相互作用的过程中,客体所具有的价值是在这种相互作用中发生并最终实现的。与此同时,价值主体的价值观念也正是在这一过程中萌生和形成的。因此,无论是个体、群体和社会的价值观念,其形成都有一定的规律性,一般要经历以下几个阶段。

第一阶段:价值期望。这一阶段,个人、群体和社会依据事物的价值和自己的利益需要,萌生希望获得某种价值的想法,并期望社会也具有这样的价值观念,即价值期望。可见,价值期望是一种常见的心理现象,是人们对价值的一种心理需求,可以调节人们的价值取向。一般来说,个人容易受到社会价值期望的诱导,但这种诱导必须以社会利益的实际分配为基础,否则,会导致极端个人主义的出现。

第二阶段:价值排位。当各种价值期望形成后,人们便会自觉地对期望的价值进行排比定位。这种排比定位的基本依据包括社会对各种价值的重视程度,以及价值在利益上实现的可能性。多年来有关部门进行的职业评价调查就是人们对职业价值所进行的一种排位,从中可以看出人们价值观念的某种倾向。因此,当人们产生价值期望之后,对所期望的价值大小及先后进行排位是必然的一种社会心态。

第三阶段:价值权衡。在价值排位的基础上人们将依据自己和社会的价值期望以及自己的能力条件对整个价值系统进行权衡比较,从而确认价值的社会意义的大小、自己获取某种价值的可能性以及获取这种价值时的代价与所得的比例,以便为价值取舍提供依据。

第四阶段:价值取舍。价值取舍是在价值期望、排位和权衡的基础上进行的,是人们某种价值观念的实现。这一步与整个社会的价值结构和价值取向有关。当社会价值结构比较合理完善,价值取向相对实际且规范时,价值取舍可以依据社会的需要和个人的选择而实现,比较容易完成。反之,则是一个相对困难的过程。由于社会的需要、个人的选择与实际利益之间发生矛盾,不相协调,因此个人选择的不一定是社会所需要的,可以获得实际利益的却并不一定是自己所期望的。尽管如此,价值取舍无疑是价值期望、排位、权衡的必然结果,不管这种结果导向何方,都标志着某种价值观念的形成。

价值观念定会随着社会的发展、情境的变化而发展变化。实际上,引起变化的原因主要是由于社会的发展从而导致价值系统内部各因素的变化,中国经济的发展过程正是这种变革和发展的实证体现。因此,价值观念的发展不是以是否变化为标准,而是看是否符合社会历史发展的大趋势,看这种观念是否与社会经济形态变革的顺序相一致,不能逆向而变。否则,不是发展,而是倒退。

第二节 一般价值观与核心价值观

在具体构建社会主义核心价值体系的过程中,我们需要深入解决一些理论上和实践中的问题,需要对社会主义核心价值观的具体内容进行梳理和精准概括。一般来说,每个社会的价值体系都是一个复杂的系统。在这个价值体系中,有些价值观处于主导地位,有些价值观处于从属地位,由此区分出一个社会的核心价值观与非核心价值观或一般价值观。从学理上讲,有核心价值观就有非核心价值观或一般价值观,这是符合逻辑和实际的。核心价值观是居于主导地位并起统摄作用和决定作用的价值观,非核心价值观或一般价值观则是不居于主导地位、不起决定作用的价值观。

一、核心价值观的哲学基石

社会主义核心价值观为什么必须而且应该是社会主义意识形态的本质体现,这不仅是一个政治问题,更是一个哲学问题。意识形态这一概念在马克思看来是一个总体性的概念,它包括许多具体的意识形式,如政治思想、法律思想、道德、文学、艺术、宗教、哲学等。确切地说,在马克思和恩格斯看来,意识形态是由各种具体的意识形式构成的一个有机的思想体系。"有机"是为了强调马克思和恩格斯理解的意识形态并不是各种具体的意识形式的机械的总和,而是一个有一定结构的、有活力的总体。根据马克思主义的观点,从意识形态中各种意识形式和经济基础关系的远近来看,意识形态这一总体大致可以划分为三个层次。第一层次:政治思想、法律思想等意识形式以最直接的方式反映经济基础,它们之间也以最密切的关系相互发生影响;第二层次:艺术、道德、文学思想等意识形式离经济基础较远,但对人们的日常生活影响非常大,尤其是道德思想,对人们的生活态度、行为方式和性格的形成起着至关重要的作用,这是意识形态的中间部分;第三层次:宗教、哲学思想,这是离经济基础最远的两种意识形式,但它们在意识形态总体中的作用却并不因为距离远而稍减。比较而言,宗教更贴近人们的日常生活,常常会影响人们的信仰和行为,哲学虽然很抽象,但它是以世界、社会和生活的本质作为研究对象,它是整个意识形态的灵魂。在意识形态的总体中,这三个层次中的具体意识形式是相互作用、紧密相连的。

通过以上分析可以看出,哲学是意识形态的灵魂,即根本所在,社会主义核心价值观又是社会主义意识形态的本质体现。那么,显而易见,社会主义核心价值观一定具有哲学的精神,即批判性、辩证性和反思性等哲学理论品质。核心价值体系正因为拥有了哲学的精神内核,才具有了凸显核心地位的基石。

二、核心价值体系的"核心"地位

马克思曾指出,意识在任何时候都只能是被意识到了的存在,而人们的存在就是他们的实际生活。那些发展着自己的物质生产和物质交往的人们,在改变自己的这个现实的同时也改变着自己的思维和思维的产物。因此,社会价值观是人在实践的活动中对实际生活的能动的反映并且作为积淀而成的意识中的深层结构,这种结构通过自在自为的方式体现着主体的意志。由于社会存在的多元化,必将使社会价值体系成为一个多元的、开放的体系。在这个多元的、开放的体系中,每一种思想或文化的价值元素都在稳定、有序地发展着。那么,这就要求占主导地位的若干社会价值观念,即社会核心价值观念对多元社会价值观念及其冲突予以引导。核心价值观念之所以能够占据核心的地位、起主导的作用,是以什么来突显其核心地位的呢?

第一,社会核心价值观念必须能够体现人文精神的时代特征。恩格斯在谈到从猿转变到人的过程时指出:"劳动创造了人本身。"[①]人与动物的根本区别是劳动,所以,劳动应该被认为是人的"本质"或"类本质",人的"自由"的天性即植根于"劳动"。而"人类的特征恰恰就是自由的自觉的活动"[②],因此,对自由的追求是人的本质特征也是人文精神的内在体现。社会价值观要占据核心的地位就必须体现人文精神的时代特征,要以特定时代的价值需求为目标,始终以人类的自由和解放为使命,以促进人的自由全面的发展为己任。如果价值观不能体现人文精神的时代特征,也就不能成为社会的核心,从而就不具有对多元社会价值观念及其冲突予以引导的资格。

第二,社会核心价值观念必须能够赢得社会中大多数人的认同。认同包含两层含义:一是代表大多数人的利益;二是理论要能够说服人,即理论的彻底性。社会核心价值观念要想得到大多数人的认同就必须代表大多数人的利益,而这种大多数人对利益的追求会形成一股强大的社会变革力量。整体的作用总是大于局部的作用。社会是由群体组成的,群体又是由许多个体组成的,核心价值观念只有代表大多数人的利益,才能得到社会的普遍认可,才能畅行无阻。另外,"批判的武器当然不能代替武器的批判,物质力量只能用物质力量来摧毁;但是理论一经掌握群众,也会变成物质力量。理论只要说服人,就能掌握群众;而理论只要彻底,就能说服人。"一种观念既然得到人们的认同,就说明这种理论是具有说服力的,是彻底的,是从人们的根本利益出发的。因此,这种代表大多数人利益并且具有说服力的理论

---

① 马克思恩格斯选集:第4卷[M].中央编译局,译.北京:人民出版社,1995:374.
② 马克思恩格斯全集:第42卷[M].中央编译局,译.北京:人民出版社,1979:96.

将会变成一种巨大的物质力量,推动社会不断前进。社会核心价值观念必须赢得社会中大多数人的认同,否则就不能称之为核心价值观念。

第三,政治力量对核心价值观念的推崇。马克思认为:"统治阶级的思想在每一时代都是占统治地位的思想。这就是说,一个阶级是社会上占统治地位的物质力量,同时也是社会上占统治地位的精神力量。支配着物质生产资料的阶级,同时也支配着精神生产资料,因此,那些没有精神生产资料的人的思想,一般地是隶属于这个阶级的。"①核心价值观作为统治阶级的意识形态,是代表统治阶级的利益的,有利于统治阶级的稳定,具有为其辩护的社会功能。因此,作为统治阶级的意识形态,核心价值观会受到格外的照顾,即通过大力宣传、经常性的学习、鼓励研讨等多种影响手段,使人耳濡目染。尽管我们不能仅仅把社会核心价值体系理解为社会统治者所倡导的观念,但是这种政治力量的推崇,是价值体系成为核心的一种较为明显的特征之一。

综上所述,核心价值观之所以具有"核心"的地位,是因为有"一基础三特征",即哲学精神的基础、人文精神的时代特征、社会中大多数人的认同、政治力量的辅助这四个方面共同作用的成果。这四个方面使核心价值观区别于其他一般具体意识形式,使其在意识形态的整体中脱颖而出,以核心价值观念引导其他一般价值观念和谐、有序的发展。

三、一般价值观是否有被"淡化"的可能

一般价值观,就是指包括各种具体意识形式的意识形态的总体,即包括政治上层建筑的物质价值体系和思想上层建筑的精神价值观念。在思想上层建筑的价值体系中,总存在着一些居主体地位、对其他价值起主导作用的价值,由这些价值所构成的价值观念称为思想上层建筑中的核心价值观。当核心价值观念在若干社会价值观念即一般价值观中占主导地位,并以引

---

① 马克思恩格斯选集:第1卷[M].中央编译局,译.北京:人民出版社,1995:98.

导的姿态"在场"时,加之政治力量的推崇,那么一般价值观将会面临怎样的处境?是被"淡化"退场,还是出现文化上的"鸿沟"?如果我们只注重核心价值观的影响力,而淡化了一般价值观的发展,往往会走向一个极端,即张扬极端的"核心"价值意识,最终产生盲目的信仰危机和教条理论。这些担忧不是没有道理的。对一般价值观的关注是准确理解和理性实践核心价值观的必然要求。因为核心价值观与一般价值观本身就是共生的,所以二者不存在本质上的对抗。一般价值观是一个开放的、宽容的文化思想体系,在这个体系中不仅具有博大精深的传统文化,还包括丰富精彩的外来文化。在传统文化的底蕴中融入外来文化的精髓,使得我们的文化思想更富有时代性和世界性的意义,体现着多元文化的自身同一。社会核心价值观不是凭空想象出来的,也不是偶然性的展开,它是建立在一般核心价值观的基础上,以时代特征为场景对一般核心价值观的高度提升,在自在自为的运动中得到社会的普遍认同。从这个意义上说,一般价值观并没有被弱化而且也不存在文化上的鸿沟。相反,正是由于核心价值观是对一般价值观的高度升华,才彰显出一般价值观的重要性。核心价值观正是以一般价值观为支撑才得以引领各种思潮稳定、有序的发展。

核心价值观是在一定程度上为该社会的统治者所倡导的观念,所以必然会得到统治阶级的支持与发展。这种政治力量的开拓有可能造成核心价值观与一般价值观的人为的偏差,就此可能性我们可以从两种维度进行思考:其一,统治阶级要维护社会的安定,保障人民的安居乐业,不仅要依靠物质力量的生产,还要依靠精神力量的协调,这种精神力量必须具有普遍的意义并且代表大多数人的利益才能保障社会的稳定和发展。核心价值观就是从观念上维护统治阶级的利益,所以,对于居于核心地位的思想,统治阶级必须大力推崇;国家在强调核心价值体系的同时并没有否定其他一般价值,反而在更大程度上进行包容和发展,最大限度地体现了社会的多元诉求。其二,在我国,人民是国家的主人,社会主义核心价值观代表了广大人民的根本利益,社会主义核心价值观是广大人民的利益需求,因此,不存在所谓的统治阶级政治力量的人为推崇。

通过以上分析,我们可以明确地认识到,一般价值观并没有在社会核心

价值观的巨大影响中弱化、消失,而是依据不同的时代特征和社会需求,以不同的面貌不断自我壮大、自我完善。

四、如何对待核心价值观与一般价值观的关系

如何对待二者之间的关系,这不仅仅是一个理论的问题,而且还是一个实践的问题,我们应该在实践中证明自己思维的真理性,即自己思维的现实性和力量,亦即自己思维的此岸性。恩格斯说:"最初的、从动物界分离出来的人,在一切本质方面是和动物本身一样不自由的;但是文化上的每一个进步,都是迈向自由的一步。"社会主义核心价值体系的内容经过了近30年的形成过程,可以说,每一次核心价值体系的理论提升和完善都是社会转型的实践需求,也是人类不断走向自由发展的进步。我国从改革开放开始进入社会转型时期,社会转型中的一个重要现象就是社会价值观念的多元化以及与此同时产生的信仰危机。信仰危机不单是信仰的混乱甚至是信仰的丧失。一个国家、一个社会一旦出现信仰危机,必会危及社会正常的运行,以致停止发展或者出现历史的倒退。基于历史发展的必然性和思想的自觉意识,应对社会一般价值体系进行时代性的提升和升华,形成一个占主导地位的核心价值观来引导多元价值观,调节其冲突,使之和谐有序地推动和维护社会的发展。如何对待核心价值观与一般价值观的关系,需要从两种维度来反思:

其一,把握"两点论、重点论统一"的辩证维度。坚持两点论和重点论的统一是唯物辩证法的一个基本观点。两点论指在研究复杂事物的过程中,既要研究主要矛盾,又要研究非主要矛盾;在研究任何一种具体矛盾时,既要研究矛盾的主要方面,又要研究矛盾的次要方面。辩证法的两点论是有重点的,两点论中内在地包含着重点论;重点论以同时承认非重点为前提,重点论中内在地包含着两点论。因此,我们可以看出,一般价值观中包含着核心价值观的思想,而核心价值观以承认一般价值观为前提,也包含着一般价值观的重要思想,二者是共生的。另外,当核心价值观的具体内容还没有

达到大众化的程度时,还必须依托传统文化的根基来融会贯通,二者如影随形。这就要求我们,在对待二者的关系上要辩证地去看待,不要只看一点或一面就得出结论,这样不仅是对核心价值观的误解也是对辩证法的误解,最终将走向形而上学的歧途。

其二,本着"尊重多样、包容差异"的情感维度。善于包容,是先进思想文化的显著特征,也是先进思想文化引领社会思潮、促进思想文化发展的必由之路。对于思想文化的多样与差异应该细心扶正,而不是粗暴变形。社会主义核心价值观内涵的每一项内容无一不是尊重差异,兼收并蓄的结果。对于充满差异性和多样性的社会思潮,如果采取压制、排斥的态度,就只能把它们推到核心价值观的对立面,因而也就不可能引领它们前进。因此,核心价值观与一般价值观之间的相互尊重和包容就是要在差异中求和谐,在多样中求整合,最大限度地形成社会思想的共识,以促进中国特色社会主义伟大事业和谐健康的发展。

第二章 核心价值观的一般指认

第一节 核心价值体系与核心价值观

在上一章我们和大家一起探讨了有关价值的相关概念。而自党中央提出建设社会主义核心价值体系的命题以来,理论界就此命题作了大量的研究,其中的一个共识是应该从社会主义核心价值体系中进一步提炼出社会主义核心价值观。因此,在这里有必要研究核心价值体系与核心价值观的关系,以便更加深入有效地培育与壮大社会主义核心价值观的建设。

一、价值体系的两种含义

关于价值体系,有广义和狭义两种理解。广义理解的价值体系就是具有结构的价值形态的世界体系。在价值论的研究中,国内外大多数学者都认为存在着以体系形式存在着的价值世界。

历史唯物主义把社会形态分析为社会存在和社会意识两大领域后,又进一步分析了其中的经济基础和上层建筑。对此,马克思在《〈政治经济学批判〉序言》中说:"人们在自己生活的社会生产中发生一定的、必然的、不以他们的意志为转移的关系,即同他们的物质生产力的一定发展阶段相适合的生产关系。这些生产关系的总和构成社会的经济结构,即有法律的和政治的上层建筑竖立其上并有一定的社会意识形式与之相适应的现实基础。"①

与广义的价值体系相对应,狭义的价值体系就是竖立在经济结构之上的"法律的和政治的上层建筑"和与现实基础相适应的"一定的社会意识形式"。我们把"法律的和政治的上层建筑"称之为社会的政治上层建筑,"主要包括军队、警察、法庭、监狱、政府机构和政党、社会集团等,其中国家政权是核心";把"一定的社会意识形式"称之为社会的思想上层建筑,"包括政治法律思想、道德、宗教、文学艺术、哲学等意识"。政治上层建筑中的"军队、警察、法庭、监狱、政府机构和政党等"都是社会主体通过统治阶级所建构的为我之物,即是对社会主体而言的物质价值,它们构成了价值体系。思想上层建筑中的"政治法律思想、道德、宗教、文学艺术、哲学等意识"也是社会主体通过统治阶级所建构的为我之物,即是对社会主体而言的精神价值,它们也构成了价值体系。狭义的价值体系在外延上与上层建筑的外延重合,包括政治上层建筑的物质价值体系和思想上层建筑的精神价值体系。

广义的价值体系包括狭义的价值体系,广义的价值体系作为价值形态的世界是物质世界的一个特殊形态;狭义的价值体系作为广义的价值体系中的一个特殊部分,随同广义的价值体系,统一于物质世界。

二、核心价值体系与核心价值观的异同

在关于社会主义核心价值体系的研究中,相当一部分学者曾经把社会主义核心价值体系与社会主义核心价值观混同起来,由此产生了很多理论混乱。经过研究,大多数学者的一个重要共识,就是社会主义核心价值体系不能等同于社会主义核心价值观。为具体理解这个共识,就要更为一般地理解核心价值体系与核心价值观。一般而言,应从社会主义核心价值体系中提炼和概括社会主义核心价值观。

---

① 马克思恩格斯选集:第2卷[M].中央编译局,译.北京:人民出版社,1995:32.

（一）在哲学基本问题中，核心价值体系与核心价值观分属于两个范畴

恩格斯曾指出哲学的基本问题就是"思维与存在的关系问题"，思维与存在何者为第一性的问题涉及如何理解世界的统一性问题。一般地分析，价值形态的世界与物理形态的世界是统一的物质世界的两种形态；价值属于物质范畴，作为价值的核心价值体系就顺理成章地属于物质范畴。具体地分析，以物理形态为载体而呈现出来的价值属于物质范畴比较容易理解，而以精神形态为载体呈现出来的价值属于物质范畴就不容易理解。为此我们要进行一些具体的分析。

精神具有两重性。对于精神，《哲学大辞典》中的解释是"唯物主义常常把精神当做和意识同一意义的概念来使用"，因此"精神与物质的相互关系就成为哲学的基本问题"。人们通常在与物质相对立的角度来理解意识或精神，然而正如列宁指出的，"意识和物质的对立只是在非常有限的范围内才有绝对的意义，超出这个范围，其对立便是相对的"。① 从认识论上分析，精神相对于物质而言，是对物质的反映，属于意识范畴；从本体论上分析，精神作为"人脑的机能或属性"，就属于物质范畴了。

在从本体论上理解精神的前提下，就可以对精神价值作进一步的分析：根据价值是客体属性满足主体需要的现实效应的规定，精神价值总是与主体的精神需要及其满足联系在一起的。主体的诸如吃饭的物质需要受到"主体肉体结构、生理结构、神经结构和精神结构的制约，需要的产生、衰减、消失都服从因果律"。同样，主体的诸如接受心理安慰的精神需要与诸如吃饭的物质需要的形成一样，要受到主体肉体结构等的制约并服从因果律，具有物质需要一样的客观根据。在精神价值中，主体精神需要的对象是满足精神需要的客体属性。需要与需要的对象不构成主观与客观的关系，需要是客观的，需要的对象（无论是物质对象还是精神对象）对具有需要的主体来说也是客观的。治疗精神疾病的药物是物质的，因而是客观的；治疗精神疾病的心理咨询或音乐等虽然是精神的，但同样也是客观的。由此就可以理解精神价值与物质价值一样属于物质范畴。在此基础上，就可以理解作

---

① 列宁全集：第18卷[M].中央编译局，译.北京：人民出版社，1988：150.

为精神价值的核心价值体系体现着对社会主体精神需要的满足,属于物质范畴。

那么,对核心价值观是否也可以从以上的认识论和本体论两个方面来理解,从而从本体论意义上把核心价值观归于物质范畴呢?如果把核心价值观孤立地作为精神价值来分析,确实可以从本体论意义上认为它属于物质范畴;但是由于我们已经把核心价值观看成是核心价值体系的提炼和概括,即从把它作为与核心价值体系相对立的认识论角度来理解,那么它就只能属于意识范畴了。这正是核心价值观"在非常有限范围内才具有的绝对意义"。

在哲学基本问题中,核心价值体系属于物质范畴,核心价值观属于意识范畴,二者之间的关系是物质与意识之间的关系,是被反映与反映的关系,这是理解核心价值体系与核心价值观之间关系的基本前提。有些学者之所以把核心价值体系与核心价值观混淆起来,就在于没有意识到在哲学基本问题中精神价值属于物质范畴,没有意识到核心价值体系与核心价值观分属于两个不同的范畴。

(二)在社会历史领域的基本问题中,核心价值体系与核心价值观同属于一个范畴

历史唯物主义认为,社会历史观的基本问题作为哲学基本问题在社会历史领域中的延伸,是社会存在与社会意识的关系问题。社会存在是指不依社会意识为转移的社会生活的物质方面,社会意识是社会的精神生活现象的总称。因此,在哲学基本问题上,物质与意识何者为第一性成为划分唯物主义与唯心主义的标准,就可以逻辑地推演到,在社会历史观的基本问题上,社会存在与社会意识何者为第一性就成为划分历史唯物主义与历史唯心主义的标准。然而,不能由此就简单地把社会历史观的基本问题中的社会存在与社会意识分别归之于哲学基本问题中的物质和意识。否则,就不能理解恩格斯把具有物质形态的国家看做是"第一个支配人的意识形态力量"。

从社会历史领域的基本问题来看,显然核心价值体系和核心价值观都属于社会意识,再具体分析,都属于意识形态范畴。不能因为在哲学基本问

题中核心价值体系属于物质范畴,而核心价值观属于意识,从而在社会历史领域中把两者分别归之于社会存在和社会意识两个范畴。这样就会把社会存在与社会意识之间的界线混淆,把原本属于社会意识的东西理解为属于社会存在,从而把经济基础与上层建筑之间的关系颠倒。由此而推出的一个逻辑结论,就是会把核心价值体系理解为社会的基础,否定历史唯物主义关于"物质生活的生产方式制约着整个社会生活、政治生活和精神生活的过程"的基本观点。这样就会跌入历史唯心主义的巢穴。

从社会历史观来理解,核心价值体系与核心价值观都属于社会意识范畴,这是理解核心价值体系与核心价值观之间关系的又一个基本前提。有些学者之所以主张用核心价值观来替代核心价值体系或把核心价值体系归之于核心价值观,就在于没有意识到属于价值形态世界的核心价值体系存在于社会意识之中,没有意识到在意识形态中既存在着核心价值体系,又存在着由核心价值体系提炼和概括而形成的核心价值观。

核心价值体系与核心价值观既分属于物质范畴和意识范畴,又同属于社会意识范畴,这是理解社会主义核心价值体系与社会主义核心价值观之间关系的基本前提,从而给从核心价值体系提炼和概括核心价值观以方法论的启示。

由于核心价值体系与核心价值观分属于物质范畴和意识范畴,因此两者之间的关系是物质与意识之间的关系。意识是对物质的观念反映,价值意识就是对价值形态世界的观念反映。关于核心价值体系的价值意识在主体意识中不断地反复,就会在主体意识中积淀为核心价值观,这就意味着与核心价值体系相比较,核心价值观在内容上更为抽象,在形态上更为稳定。

由于核心价值体系和核心价值观同属于社会意识范畴,因此两者之间的关系是思想对思想的关系。从核心价值体系中形成核心价值观,体现着核心价值体系的自觉。作为深刻地体现统治阶级的意志和利益的核心价值体系的自觉,必然要求从一个社会的主导价值观念转化为一个社会的主流价值观念。这就要求在从核心价值体系提炼和概括核心价值观的过程中,越来越深刻地体现人文精神的时代特征,从而牢牢地把握意识形态的领导权。

第二节　社会主义核心价值体系与社会主义核心价值观

中国共产党第十六届六中全会首次提出社会主义核心价值体系,并在十七届六中全会上首次提出社会主义核心价值体系是社会主义先进文化的精髓,以社会主义核心价值体系为根本建设和谐文化是构建社会主义和谐社会的重要任务。因此,可以这样认为,社会主义核心价值观与社会主义核心价值体系既有内在联系,又各有侧重,相互区别。从理论上厘清社会主义核心价值体系与社会主义核心价值观之间的关系,是深入思考和建设社会主义核心价值体系的一个重要理论问题。

一、社会主义核心价值体系

每一个社会都有其赖以支撑的核心价值体系和核心价值观。社会主义,无论从社会理想、社会运动还是社会制度来说,都表征着一种与无产阶级和广大劳动人民的自由解放息息相关的价值诉求,是一种有别于资本主义的价值选择,有着自己独特的核心价值体系和核心价值观。所谓社会主义价值观,主要指社会主义社会对人类未来社会价值诉求的基本看法和总体要求。社会主义的理论和实践,就是人类对几千年来所追求的社会价值理想的一种延续,是在否定不完美的资本主义现实社会之后对一种更人道、更平等、更自由的合理社会的理想价值诉求。社会主义不仅经历了从空想到科学的理论演进,而且实现了从理论到实践的重大飞跃。作为一种社会理想、社会形态及制度安排,社会主义以其自身独特的价值魅力吸引、感召着人类社会的价值追求。

社会主义价值体系是融会了理想与现实、核心价值与基本价值的有机整体。一方面,社会主义价值体系是一个包含丰富内容的多层次体系,既有其核心价值,又有其基本价值、具体价值。其中,核心价值以基本价值、具体

价值为基础,是对基本价值和具体价值的高度概括和抽象,对基本价值、具体价值起着统领和支配作用,并蕴涵在基本价值、具体价值之中,通过基本价值、具体价值表现出来;而基本价值、具体价值又体现着核心价值,以核心价值为指导和灵魂。另一方面,社会主义价值体系既包含着理想性的价值诉求,又体现着现实性的价值要求;既有感召人们不断递升的先进性价值理念,又有大多数人可以接受并实践的广泛性价值体现。在这个有机的整体中,失去了现实性,价值观念系统便无法在现实中生存;失去了理想性,以日常生活遮蔽、否定最高价值,人类将永远不能获得最终解放。

马克思主义经典作家主张无产阶级应该在具体的历史条件下建立社会主义价值体系。由于当时还不存在现实的社会主义,马克思和恩格斯对未来的社会主义只是进行了大致描绘和粗线条的勾勒,对社会主义价值体系并未作出详尽的说明。但他们在批判资本主义的过程中毕竟涉及了未来社会主义的基本价值、最高价值及其价值体系。马克思主义关于"自由人的联合体"这个最高理想、最高纲领和最终目标,就内在地蕴涵着社会主义的最高价值,它通过经济、政治、文化、社会各个领域相应的核心价值和具体价值表现出来。

党的十六届六中全会第一次明确提出"社会主义核心价值体系"的科学命题,指出社会主义核心价值体系的基本内容包括马克思主义指导思想、中国特色社会主义共同理想、以爱国主义为核心的民族精神和以改革创新为核心的时代精神、以"八荣八耻"为主要内容的社会主义荣辱观。这标志着我们党对中国特色社会主义的认识已经从制度层面深入到价值层面,深化了对共产党执政规律、社会主义建设规律和人类社会发展规律的认识。这四个方面相互联系,相互贯通,辩证统一。它既突出了我们党和国家的指导思想,又强调了社会主义理想信念的重要作用;既继承吸收中国文化的优秀传统,又结合当今社会主义精神文明的本质特征,指明了社会主义和谐文化的发展方向和基础内容。社会主义核心价值体系,在所有社会主义价值目标中处于支配地位,发挥着主导作用,决定着社会主义的发展模式、制度体制和目标任务,决定着整个社会主义价值体系的基本特征和基本方向,是社会主义意识形态中最重要的部分,是党中央团结带领全国人民开拓前进的旗帜和主心骨,是社会主义制度的内在精神和生命之魂。没有社会主义核心价值体系的引领和主导,构建和谐社会、建设和谐文化、建设中国特色社会主义就会迷失方向。只有深刻认识和正确把握社会主义核心价值体系,才能保证社会主义的正确方向,才能抓住社会主义的价值需要、价值创造和价值实现的关键,也才能在文化建设和意识形态建设中突出重点、抓住根本。

二、社会主义核心价值观

(一)何为社会主义价值观

价值观是人们在实践中形成的对于价值、价值关系的一般看法和根本观点,是处理各种价值问题时所持有的比较稳定的立场、观点和态度的总和。核心价值观是一个社会中居统治地位、起支配作用的核心理念,也是一个社会必须长期普遍遵循的基本价值准则,具有相对稳定的特点。社会主义价值观是对社会主义价值的总的看法和最根本观点。社会主义核心价值观,是指那些在社会主义价值体系中居统治地位、起指导作用、从最深层次科学回答"什么是社会主义"这一根本问题、在马克思主义理论体系中占据核心地位的价值理念。

社会主义价值观是一个历史范畴,是一个不断生成的概念,在不同国家不同历史时期有着不同的内容和形式。在我国科学社会主义的基本价值理念中,只有那些以马克思主义指导思想为灵魂、以中国特色社会主义共同理想为主题、以民族精神和时代精神为精髓、以社会主义荣辱观为基础的价值观,才能称为社会主义核心价值观。我们党自成立之初就把实现共产主义这一"自由人的联合体"——人的自由全面发展作为最高政治理想。

构建社会主义核心价值观的任务,对形成全社会共同的理想信念、道德规范,打牢全党全国各族人民团结奋斗的思想道德基础,具有重要的意义。为了使社会主义核心价值观有效地发挥应有的作用,还需要进一步推进社会主义核心价值观的研究,特别是借鉴中华优秀文化传统,是概括形成中国

特色社会主义核心价值观的重要途径之一。

（二）构建社会主义核心价值体系就是创立社会主义核心价值观的过程

核心价值观是核心价值体系的核心，它决定并制约着核心价值体系的建设。

首先，核心价值观能够为全社会提供统一的是非、善恶、美丑的价值标准。

中国自古以来就是一个多民族、多宗教信仰的多元文化的国家，在她漫长的发展过程中，之所以既能够保持各民族大团结的统一局面，又能不断融合外来民族并充分尊重各民族的风俗习惯和文化传统，就是因为中国传统社会秉持了"不同而一"、"理一分殊"的理念，在全社会提倡了以"仁义礼智信"为核心的共同道德规范，并且能够为各个民族、各个宗教信仰的人们所认同，成为全体人民普遍奉行的价值观，形成了社会统一的是非、善恶、美丑的标准，因而没有出现如墨子所讲的"一人则一义，二人则二义，十人则十义"的现象。

其次，核心价值观能够为家庭教育、学校教育和社会教育确定一以贯之的价值取向。

只有确定了作为核心的价值观，才能够把这些观念贯穿在家庭教育、学校教育和社会教育之中。如果在家庭里家长灌输的、学校里老师教导的和社会传媒宣扬的价值取向不一致甚至相冲突，就会让人们特别是青少年无所适从。在中国古代，家庭教育、学校教育和社会教育都遵循着孔子"思无邪"的理念。不论音乐、歌舞、戏剧、诗词等，都是以宣扬"仁义礼智信"、弘扬正气为主要内容，这样才能使社会的正气上升，邪气下降。只有使家庭教育、学校教育和社会教育给予人们统一的价值取向，才有助于改善社会风气，并自觉抵制腐朽文化的侵蚀。

最后，核心价值观是法律规则设计、制度安排的内在精神和价值灵魂。

现在人们都认识到完善法制和监督机制的重要性，但是还要认识到，我们并非为了法律而制定法律、为了制度而制定制度，制定这些法律、制度都是为了维护一定的价值观的，所以核心价值观是法律制定和制度建设的内在灵魂和价值灵魂。一方面，任何法律和制度都是一定价值观的外在表现，都体现了一定的价值观和道德观,因此必须使核心价值观渗透在社会法律和制度的安排之中;另一方面,要形成全社会广泛认可、普遍遵行的价值观,法律、制度的安排则必须有助于维护和弘扬这些核心价值观。从历史上看,中国古代的道德规范之所以能够奏效,就是因为它们并不是空洞的道德说教,而是依靠各种社会制度来加以强化的。例如,为了贯彻德治主义,官吏的任用选拔都以德行为首要条件。汉代实行"举孝廉"的人才选拔机制;魏晋行"九品中正制",以九品衡别官吏,也以德义有无缺失为衡量标准;隋唐以后,实行科举制度,官吏选拔须经考试。各朝考试方法各异,但所应试内容则均以重视"修身齐家治国平天下"的儒家经典为主。这些制度,无不有助于形成和强化既定的道德观。

总之,我们弘扬什么样的价值观,就要通过制度激励这样的价值观;反对什么样的价值观,就要通过制度约束这样的价值观。从这个意义上说,社会主义核心价值观不仅成为法律、制度设计的内在精神和灵魂,而且法律、监督机制的健全、激励机制的完善对于保障社会主义核心价值观的树立,也是必不可少的。

三、构建社会主义核心价值观必须借鉴中国优秀传统文化

胡锦涛在耶鲁大学演讲时提出:"科学发展的理念,是在总结中国现代化建设经验、顺应时代潮流的基础上提出来的,也是在继承中华民族优秀文化传统的基础上提出来的。"[①]

今天,我们之所以能够概括出社会主义的核心价值观,显然没有偏离这个基本的前提。比如,"爱国"、"和谐"、"诚信"与"友善",其中深刻蕴涵着中国古代"八德"的宝贵资源,即孝、悌、忠、信、礼、义、廉、耻。联系中国当前对内构建和谐社会,对外建设和谐世界的整体思路,将核心价值观建构在中国

---

① 中共中央文献研究室.十六大以来重要文献选编:中册[M].北京:中央文献出版社,2006:428.

传统优秀文化的背景上,无疑体现了以下要求:

首先,注意把道德精神和价值理想规范化,体现了"大道至简"、"道简易行"的特点。最深刻的道理,其表现形式往往是最简单的。核心价值观是要全社会普遍遵守的,要明确化、简要化、具体化、规范化。只有它概括简单,才易记易传,才便于把握、便于家喻户晓,才容易深入人心,形成全社会普遍奉行的价值观和道德标准。

其次,注意了价值观和道德观的层次性,体现了先进性与广泛性相结合的特点。这次的24个字虽然概括简单,但内涵深刻,具有很大的包容性,因而既能够为一般的社会大众普遍遵行,又可以为社会的先进分子提出更高的要求。

再次,注意坚持了大化(社会教化)与自化(个体修养)相结合的原则,有利于把这些价值观渗透到个体的思想和行为中。历史表明,依据道德规范进行道德教育是中国德育的优良传统。没有明确规范的道德教育,只能是一种倡导"自发性"和"盲目性"的道德教育。中国古代的道德规范,同时又是一种道德意识和理念。古代的德教,不仅把道德规范传授给学生,使其能够自觉地规范个人的行为,而且更加注重教育学生把握道德知识、形成道德意识、升华为道德理念。这样就把道德知识、意识、理念、规范、行为有机地、本质地结合在一起,实现了外在道德教化与个体内在修身的统一。核心价值观的提出和确立,也同样有助于人们通过社会教化和自我修养相结合的方式,把这些价值观渗透在自己的思想和行为之中。

第四,能够与中国传统美德相承接,符合道德观和价值观形成的规律。从道德发展来看,社会主义道德不是凭空产生的,而是对过去人类一切优秀道德的继承与发展。社会主义道德必须根植于民族的传统道德。这说明,弘扬中华传统美德,顺乎民意,具备较为深厚的群众基础。

中国的古圣先贤是在"观乎天文,以察时变;观乎人文,以化成天下"的基础上提出可以为世人普遍遵守的价值观的,因此,中国传统的道德观和价值观有其不可忽视的超越时代的可继承的内容。例如,传统中的孝亲、尊亲美德,一方面有利于维系人类的种族繁衍,符合社会生产力发展的需要;另一方面又有利于和睦亲情,维系人类家庭,是血缘亲情的自然表现。又如传统孝道中的悌长、尊贤美德,强调长幼有序、"老吾老以及人之老",把孝悌作为仁之本,"爱人"首先从爱父母做起,然后爱其族人、爱其长上、爱其民族、爱其国家。这种推己及人的自然亲情,符合人的认识与情感发展的规律,易于为人们所接受。试想一个连自己的父母都不敬爱的人,怎么可能让他真心实意地去爱他人、爱民族、爱国家呢?可见,弘扬孝悌的美德,有助于维持社会秩序,形成良好的社会道德风尚。当代西方国家在物质文明高度发达、法治相对健全的情况下,仍然出现了犯罪率激增、青少年犯罪年龄下降等现象,无疑与夫妻关系失调、家庭崩溃、父子失教的状况有关。此次 24 个字中的"爱国"的确立便与其一脉相承。

孙中山先生曾于 1924 年谈到:"一般醉心于新文化的人,便排斥旧道德,以为有了新文化,便可以不要旧道德,不知道我们固有的东西,如果是好的,当然是要保存,不好的才可以放弃","谈到孝字,我们中国尤为特长,尤其比各国进步得多","所以孝字更是不能不要的"。[①] 新加坡、韩国、日本等受儒家文化深刻熏陶的东方国家,在现代化的进程中充分发挥了孝道的积极方面,甚至通过法律和制度的方式,弘扬孝亲的美德,这才在发展物质文明的同时,在精神文明建设方面也取得了举世瞩目的成就。因此,不能一讲到孝悌,就认为是封建主义的东西、是落后的象征。恰恰相反,从对父母的孝敬开始培养人的感恩之情和仁爱之心,便是抓住了道德教育的根本。宋代的契嵩在《孝论》中讲:"圣人之善,以孝为端;为善而不先其端,无善也。"这就是说,劝人为善的道德教育,应当从培养孝心这个根本开始。"本立而道生",否则仁爱之心就成了无水之源、无本之木。

第五,能够与社会主义市场经济相适应,与社会主义的时代精神相统一。这次的 24 个字本身就具有很强的实用性、应时性,同时也具有很深的哲理性和稳定性。从践行上看,既有确定性、原则性、一义性,又同时具有相对性、灵活性和兼容性,而这正体现了中国文化博大宽容的胸怀。举例来讲,月饼作为一种传统食品,在中国传承了上千年。在这个过程中,做月饼的材料是随着不同时代人的不同口味而不断更新的,例如为了适合西方人的口

---

① 孙中山全集:第 9 卷[M].北京:中华书局,1986:243.

味出现了巧克力月饼,但是它仍然叫"月饼",仍然具有传递亲情、重视家庭团圆以及和睦人际关系的意义。如果把"月饼"这个名词都换掉了,而变成了"蛋糕",就无法体现文化的传承。沿用传统的道德规范来概括中国特色的核心价值观的道理也是如此。因此,中华民族道德规范也可以依据时代精神而赋予新的内涵。例如"信",不仅是指朋友之间的信用,而且还包括了诚实守信,这是市场经济所要求的核心价值。又如"忠",既可以是忠于家庭,也可以是忠于国家、忠于人民、忠于职守。"忠"的本意有"尽己"的意思,当今时代做到"忠"就要竭尽全力做好自己的工作,就必须勇于探索、勇于创新、尊重科学,这也体现了以改革创新为核心的时代精神。再如"义",则可以依据时代精神解释为公平正义;"平",可以解释为平等尊重、和平共处;"礼",不仅包括对他人的礼敬,而且也包含了规则意识和守法要求。因此可以说,市场经济所要求的"平等"、"诚信"、"公正"等价值都已无一遗漏地囊括在中华传统道德价值之中了。

第六,有助于树立民族自信、振奋民族精神,抵御腐朽文化的入侵。要树立民族自信、振奋民族精神,就必须让人们深入了解祖国的优秀文化和悠久文明。正如胡锦涛所说的:"中华文明是世界古代文明中始终没有中断、连续五千多年发展至今的文明。中华民族在漫长历史发展中形成的独具特色的文化传统,深深影响了古代中国,也深深影响着当代中国。"用这24个字概括社会主义核心价值观,同样"既有着中华文明的深厚根基,又体现了时代发展的进步精神"。中国文化与西方文化无与伦比的优势就是它注重内省、修身的道德素养,从而培养人们自立、自强、自尊、自重、自爱、自律的慎独精神,本身渗透着和谐的精神,本质上是一种和谐的教育。也正是这种文化传统,才能使其成为抵制外来消极文化、腐朽文化的强韧屏障。

总之,将传统优秀文化作为社会主义核心价值观,既有传统特色,又赋予时代内容,能够为我国和平发展道路以及和谐社会的构建提供强有力的文化支撑。在实践中,传统文化更具有民间传播基础更容易深入人心,从而自觉为人们提供一个明确的行为标准和评价尺度。只有如此培育和践行,才能推动人们自觉加强道德修养,改变社会风气,使道德教育真正落在实处。

四、社会主义核心价值观重在建设

社会主义核心价值观植根于民族传统思维,立足于对社会主义的基本认识,表达了全社会对美好未来的追求,是新时期中华民族共同奋斗的目标与宗旨。在全社会养成崇尚社会主义核心价值体系,树立社会主义核心价值观的良好氛围依然重在建设,重在培育与践行。

建设社会主义核心价值观,最根本的是培育和谐文化、养成和谐思维。和谐文化作为一种文化形态,"是人类社会在历史发展中形成的以和谐为思想内核和价值取向,融思想观念、理想信仰、社会风尚、行为规范、制度体制于一体的文化形态"。[①] 这一文化形态崇尚与追求和谐,包容与尊重差异,是中国传统文化的精髓所在。在当代中国,提出和建设和谐文化,就是要面向现代化、面向世界、面向未来,立足于社会主义基本经济制度,植根于中华民族传统,与建设和谐社会的战略目标相吻合,形成民族的科学的大众的社会主义新文化。和谐文化作为一种文化形态是社会主义本质特征的重要体现,是社会主义制度所作出的价值抉择,统一于社会主义建设的发展之中。建设和谐文化就必须坚持以社会主义核心价值体系领社会思潮,尊重差异,包容多样,最大限度地形成社会思想共识,从而团结不同社会阶层、不同认识水平的人们共同进步。这是凝聚和统一社会各阶层、各利益群体思想的有力武器,是我们在建设和谐文化中必须坚持的一个原则。另一方面,文化的和谐需要尊重差异、包容多样,但尊重差异、包容多样并不等于无原则的妥协与退让。在社会主义初级阶段,我们面临着复杂的国内国际环境,意识形态领域的斗争和较量还是长期的、复杂的,有时甚至是非常尖锐的。中国长期的封建社会使封建主义思想根深蒂固,封建主义残余思想时常会沉渣泛起,国外资本主义凭借其经济优势,不断输入其价值观念,资本主义腐

---

① 雷莹,白显良.先进文化·和谐文化·文化和谐[N].光明日报,2006-05-16(9).

朽思想观念也会乘虚而入,这些都将对和谐社会的建设产生消极影响。对这些愚昧腐朽的文化思潮无端的退让与包容就是助长,是与和谐社会的本质相背离的。因而在多元文化的和谐中,坚持以社会主义核心价值观为统领,保持对愚昧腐朽文化思潮的批判态势是建设社会主义核心价值观的根本。只有以此为基点,培育和谐文化,让人们养成和谐思维的方式,社会主义核心价值观才能渗入人们的心田。

建设社会主义核心价值观关键在党。中国共产党是执政党,肩负着率领全国人民建设和谐社会的历史重任,是和谐社会与和谐文化的决策者、组织者和领导者。党的精神面貌、生活作风、组织状态、工作业绩等对全社会的影响和规范,决定着和谐社会建设的进程。各级党委政府要像抓经济建设一样抓核心价值观建设,真抓实干,而不是摆设,核心价值观建设才能上台阶、上层次。党风正、干部廉,则民风好、民气顺,核心价值观则有坚实的基础,也就有了向心力、凝聚力,因而,注重党风建设,提高党领导和谐社会建设的本领,把核心价值观建设摆上议事日程是当务之急,抓住了这个关键,核心价值观建设就有了可靠的保障。与此同时,要把社会主义核心价值观贯彻到实际工作生活中,就要开展广泛深入的群众性创建活动。这种群众性的实践活动是社会主义核心价值观建设的载体与着力点,它能使社会主义核心价值观落到实处,让人们充分享受社会发展的成果。只有用社会主义核心价值观的成果关心人、吸引人、教育人,才真正有利于社会主义核心价值观的形成。

建设社会主义核心价值观以消除不和谐、不公正因素为突破口。社会主义核心价值观最终依赖和谐的社会经济生活,目前,我国社会总体上是和谐的,但影响不和谐的因素依然存在。城乡、区域、经济社会发展很不平衡,人口资源环境压力加大;就业、社会保障、收入分配、教育、医疗、住房、安全生产、社会治安等方面关系群众切身利益的问题比较突出;体制机制尚不完善,民主法制还不健全;一些社会成员诚信缺失、道德失范,一些领导干部的素质、能力和作风与新形势新任务的要求还不适应;一些领域的腐败现象仍然比较严重;敌对势力的渗透破坏活动危及国家安全和社会稳定。这些不和谐、不公正因素是社会主义核心价值观培育与践行的最大障碍,只有以此为突破口,正视矛盾、化解矛盾,最大限度地减少不和谐、不公正因素,才能最大限度地增加和谐与公正因素,促进社会的和谐与公正,为社会主义核心价值观建设奠定坚实的社会基础。

社会主义核心价值观重在建设。在建设社会主义核心价值观中,首先要立足于社会主义核心价值体系建设,在推进社会主义核心价值体系建设中,社会主义核心价值观才能不断丰富与发展。只有在社会主义核心价值观与核心价值体系的互动中,社会主义和谐社会才能真正实现。

五、社会主义核心价值观是社会主义核心价值体系的内核

社会主义核心价值体系与社会主义核心价值观既有内在联系,又各有侧重,相互区别。社会主义核心价值体系是社会主义核心价值观的基础和前提,是社会主义核心价值观形成和发展的必要条件。社会主义核心价值观是社会主义核心价值体系的内核和最高抽象,体现社会主义的价值本质,决定社会主义核心价值体系的基本特征和基本方向,引领社会主义核心价值体系的建构。社会主义核心价值观渗透于社会主义核心价值体系之中,通过社会主义核心价值体系表现出来。

因此,确立社会主义核心价值观与构建社会主义核心价值体系,是相辅相成、有机统一的,是一枚硬币的两面。只有将确立社会主义核心价值观与构建社会主义核心价值体系有机统一起来,才能为科学社会主义的理论与实践提供价值合理性依据,指导社会主义价值观的科学建构并不断推进其壮大和落地生根。

社会主义核心价值观与社会主义核心价值体系,在本质上是一致的、统一的,都是建设中国特色社会主义不可或缺的组成部分。同时,社会主义核心价值观与社会主义核心价值体系,是一个历史的、具体的范畴,是一个不断生成的概念,还有待于随着社会主义实践的发展进一步加以提炼和探讨,以及不断的丰富与成熟。

第三章　全球化背景下的价值观的变迁与价值多样化

第一节　中国传统核心价值观的形成

中国传统价值观萌芽于古代原始氏族时代,在春秋战国时期,就已经比较完整了,以后在中国封建社会的长期发展中,又不断地得到补充和完善,成为一个十分严密、庞大的价值系统,深深地影响着民族的文化心理结构,支配着人们的思想和行为。

一、中国传统核心价值观的特征

道德至上是中国传统价值观最根本的特征。在中国传统价值观中,道德规范是社会生活和个人生活的一切领域里的最高标准。以是否符合道德规范作为价值标准来衡量一切,价值的存在仅仅是一种道德价值,它取代了认识的价值与审美的价值。因此,中国传统价值观的最高原则是道德原则。

在中国传统的价值观中,之所以把道德价值看成是最高的价值,其最根本的原因也是对当时的物质条件、生产力状况的一种反映。中国古代氏族社会的瓦解极不彻底,原始的血缘关系和宗法关系在封建社会里长期延续,并在人际关系中占支配地位。再加上受地理环境的影响,早在六千年前后,大河大陆型地理环境和温带气候条件下的中国先民们就已经过着以农耕为主的生活了。

正是基于现实的需要,以儒家为主对伦理道德的重要性从理论上进行了多方论证。儒家认为道德价值之所以是最重要的价值其根据第一在于"天命"之中。孔子说:"天生德于予"(《论语·述而》),"文王既没,文不在兹乎?天之将丧斯文也,后死者不得与于斯文也;天之未丧斯文也,匡人其如予何!"(《论语·子罕》)孔子把他身上所体现的德、周道都归源于天。孔子之后的儒者都遵循这一基本看法。儒家还将人性作为道德的根据。孟子首倡人性善之说,明确认为道德的根据在于人的本性。他说:"恻隐之心,人皆有之;羞恶之心,人皆有之;恭敬之心,人皆有之;是非之心,人皆有之。"(《孟子·告子上》)

道德价值是实现其他价值的途径。首先是实现认知价值的途径。儒家认为要获取知识,必须要具备高尚的道德情操。其次是实现政治价值的途径。儒家认为道德对于治理国家、巩固政权都有其重要的作用。他们认为要选择有道德的统治者来管理国家,民众就不敢不敬、不敢不信等。除此之外,统治者实行统治的政策也要符合道德的原则,即实行"仁政"。如,孔子就认为:"为政以德,譬如北辰,居其所,而众星共之。"(《论语·为政》)孟子则着重论述了"仁政",主张"以德服人"。董仲舒直接把道德原则看成是封建政治最根本的原则。

儒家认为道德原则的基本内涵是仁义礼智。《论语·颜渊》中记载了孔子对仁的界说:"樊迟问仁。子曰:'爱人。'"仁德的基础是孝,首先孝顺自己的父母,然后推而广之。在这一过程中仁道原则升华为普遍的道德规范。

孟子沿着孔子的思路首次将仁义礼智系统化,并且规定了仁义礼智的实质内容:"仁之实,事亲是也;义之实,从兄是也;智之实,知斯二者弗去是也;礼之实,节文斯二者是也。"(《孟子·离娄上》)虽然没有言信,但孔子和孟子都认为信是很重要的道德规范。

由于把道德原则看成是最高的原则,必然逻辑地得出以"义以为上"为价值标准,对现存的价值关系作出取舍。人的主体需要是多方面的,现实的价值关系极其多样而复杂。人们面对这众多的价值,应以义为标准。凡是符合仁义道德的就有价值,应当选择;不符合仁义道德的就没有价值,应该舍弃。对待现存的事物,作出取舍选择时,首先以道德原则为标准。

可以说,中国传统价值观的一个重要特征就是以伦理道德原则为绝对

的价值根据。西方思想家孟德斯鸠曾经说过:"中国人把整个青年时代用在学习这种礼教上,并把一生用在实践这种礼教上。"这些论述从一个侧面表明了伦理道德观念在中国传统文化中所处的重要地位。

随着封建专制制度的确立,为了统治上的需要,先秦儒家群己关系中尊重个体的思想不断地被弱化,而群体的价值日益被提升。董仲舒就是为了适应西汉中央集权的政治需要的现实而建立其群己观的。

到了宋明时期,理学家们又一次强调群体的价值,把群体价值提到至高无上的地位。通过对"理一"与"分殊"、"天理"与"人欲"、"道心"与"人心"等问题的讨论,从而使重群轻己的观念建立在坚实的理论基础上。个体的价值被看成是微不足道的东西。个体只能服从群体,因此,以君主为代表的群体就成了束缚个体独立的枷锁。

二、中国传统核心价值观的意义

以儒家价值观为主导的中国传统价值观是一种道德型的价值观,是以"仁义"道德规范作为价值标准来进行取舍的。这种道德型的价值观在中华民族的历史发展过程中起了积极的作用。由于强调个人的道德修为及服从群体的精神,在历史上培养了一批为了民族、国家的利益而牺牲自我的仁人志士。中国传统价值观历来重视道德的力量、强调群体价值的观念,并且这种价值观重视人的精神世界,崇尚人的道德理想,在一定程度上抵制了物化主义,这些都是传统价值观的积极方面。即使在今天,对于我们这样一个人口众多的国家,我们仍应坚持传统价值观的积极方面。但是我们也应看到道德型的价值观所导致的重德轻智、重群体轻个体、重义轻利的负面影响。

首先,重德轻智导致的后果就是由于片面重视道德精神的涵养及道德践履,因此忽视了物质方面的发展,即对自然知识重视不够。罗素曾经指出:"中国有一种思想极为根深蒂固,即正确的道德品质比细致的科学知识更重要。"学习的目的是"始乎为士,终乎为圣人"(**《荀子·劝学》**)。与此相联系,学习的内容只是仁义礼智信和治世之术。与西方相比,中国古代几乎没有自然科学，人们用对自身道德的修养代替了对自然知识的探索，用个人的道德践履代替了改造自然界的实践活动。正如殷海光说："古老的东方，在传统的泛道德主义的形式笼罩之下，科学总无由发展。李之藻扭不转这个趋势固不用说，就是握有绝对权力的康熙皇帝也无能为力。他的几个儿子之习天文数理，目的只在取得他的欢心，冀得神器。神器到了手，天文数理就丢在一旁。中国算术九章，始终只是算术九章，不能发展成西方数学这样的规模。……严格地把科学研究压缩于其政治套子之中，于是科学完全成为政治工具。纯理知一点也不能伸张。"

另一方面，当道德不足以从正面调节人际关系来保证社会的稳定时，便采取了人治。中国古代社会是以血亲为基础的宗法社会。使宗法社会得以正常运转的不是靠法律，而是靠伦理道德来维系，从而使伦理道德外化为具有法律约束的统治手段。孔子提倡礼治，荀子进而把礼视为道德的最高原则，以礼统帅其他道德规范，并和法联系起来。在中国，人们常习惯于"礼""法"并称，主张"隆礼尊法"，道德规范实际上具有法律的效力，违背了三纲五常，也就是触犯了法律。黑格尔也指出："在中国人那里，道德义务的本身就是法律、规律、命令的规定……这道德包含有臣对君的义务，子对父、父对子的义务以及兄弟姐妹间的义务。"与西方社会通过法律、契约自由组合而成不同，以契约组织社会的观念在中国没有出现。在中国，制约生活的最好方式是经由教化，让他们自觉遵守社会礼俗或礼教。梁漱溟说："中国社会秩序靠礼俗，不像西洋之靠法律。靠法律者，要在权利义务清清楚楚，互不相扰。靠礼俗者，却只要厚风俗。在民风淳厚之中，自然彼此好好相处。"宗法社会是人治产生的根源，也是人治生存的土壤。没有法律的约束，人治就导向了腐败，这一负面的影响一直到现在还存在，制约着我国现代化的进程。

其次，重群体轻个体及重义轻利的不良后果就是压制了主体个性的发展。个人的力量消融在虚幻的群体之中，被虚幻的群体力量所驱动，只肯定个人对社会的道德责任，而抹杀了个人的其他权利。"在旧的中国传统社会里面，人本身是一个工具。我在家里我是一个工具，我要孝顺父母、我要传宗接代、我要光宗耀祖。我的任务就是这个。我作为集体的一分子，这就好像蚂蚁的社会或蜜蜂的社会,你是终生为它来服务的,你是一个驯服的工具,本身没有价值。"在这种情况下,主体的个性、创造性也随之泯灭,由此也导致了中国人的人格依附性。这对于我国向现代化迈进是一个很大的阻碍。现代化首先是指人的现代化,人的现代化就不能只仅仅肯定人在道德领域的价值,除此之外,我们更应肯定人的个性、人的创造性及人的权利意识。在 2012 年的两会结束后,温家宝在答记者问时针对记者提出的解放思想讲到:"新时期的解放思想应该突出哪些方面呢?……要使每个人,特别是领导干部的思想得到解放,也就是说要有独立思考、批判思维和创造能力。只有这样,我们的整个事业就会不断前进。"只有扬弃权威、破除权威,尊重个体的个性、创造性,我们的整个事业才会不断前进。

三、中国传统核心价值观的重建

中国传统价值观是在特定的历史条件下形成的,是受当时特定的生产方式所制约的。价值观作为一种观念形态虽然具有相对的稳定性,但它不是永恒的,它是在实践的基础上产生的,必然随着实践活动的变革而作出相应的变革。鸦片战争后,伴随着封建阶级无可挽回的没落,以儒学为核心的传统文化也不可避免地面临着新文化的冲击和挑战。其核心价值观也必然受到怀疑,中国传统价值观在历史上受到第一次猛烈抨击的就是"五四"运动。"五四"运动以民主和科学为旗帜,对儒家的旧道德进行了激烈的批判,提出了"打倒孔家店"的口号。他们否定了世世相传、万代不易的儒家价值观,认为对支配中国社会两千年之久的孔子之道也有重新审视的必要。20 世纪 80 年代以后,我国实行改革开放,进行经济、政治等各方面的改革,并取得了显著的成绩。在同西方文化交流的过程中,我们的价值观也受到西方价值观的影响。我们国家现在正处于社会转型时期,因此,合理重建我们的价值观对于促进中国现代化的进程具有重要的意义。

第二节 资本主义核心价值观的确立

随着经济全球化趋势的不断加深和我国对外开放的深入推进,不同文化价值观之间的交流、交融、比较和碰撞也越来越频繁,这是不以人们主观意志为转移的客观趋势。在当今经济全球化的背景下,正确对待资本主义文化价值观的问题显得越来越重要。

一、经典作家论资本主义核心价值观的内在矛盾

资本主义核心价值观,实则是其文化价值观的内核表征。资本主义核心价值观具有尖锐的内在矛盾和冲突,带有鲜明的二重性。这是马克思主义经典作家关于资本主义核心价值观特性发人深省的基本判断。马克思和恩格斯认为,现代社会是以资本主义社会为开端的不同于一切传统社会的社会,资本主义社会的出现无疑是人类历史发展的巨大进步:"它第一个证明了,人的活动能够取得什么样的成就。它创造了完全不同于埃及金字塔、罗马水道和哥特式教堂的奇迹;它完成了完全不同于民族大迁徙和十字军征讨的远征。"[①]在马克思和恩格斯看来,资本主义生产方式和资本主义制度的出现,对现代文化价值观念的影响具有明显的两重性。一方面,促进了现代人格的塑造和现代文化价值观念的形成。在传统的自然经济社会里,"单个人显得比较全面,那正是因为他还没有造成自己丰富的关系"。[②] 传统社会里成长起来的人们不仅封闭、保守、因循守旧,深受血缘、地域的限制,而且缺乏现代科学知识和技能。但是,随着现代资本主义生产方式和商品经济的发展,人们生产和生活的范围不断拓展,视野不断开阔,开放意识和创

---

① 马克思恩格斯选集:第1卷[M].中央编译局,译.北京:人民出版社,1995:275.
② 马克思恩格斯全集:第30卷[M].中央编译局,译.北京:人民出版社,1995:112.

新精神不断增强,拥有的科技知识和专业技能不断提高,因而人格和文化价值观念也突破了传统社会的藩篱,越来越趋于现代化了。因此,人们要适应商品经济社会的需要,就必须"培养社会的人的一切属性,并且把他作为具有尽可能丰富的属性和联系的人,因而具有尽可能广泛需要的人生产出来——把他作为尽可能完整的和全面的社会产品生产出来"。在资本主义条件下,"尽可能完整的和全面的人"在马克思那里主要是指"劳动的交换、职能的更动和工人的全面流动性",而这种现代人的产生是"以建立在交换价值基础上的生产为前提的"。① 商品经济的发展不仅促进了现代人格的形成,而且促成了与经济发展相适应的文化价值观念的形成和发展,使得货币取代了等级特权而成为占据支配地位的东西,使得人们的自主、平等、创新观念逐渐增强。另一方面,资本主义生产方式及其社会制度的出现,带来了社会文明的世俗化,促使传统的文化价值观念发生了剧烈变化。在传统社会里,宗教信仰、神灵崇拜在社会生活中占据重要位置,现实生活之外的宗教世界、彼岸世界构成人们生活的重要部分。但是,随着现代资本主义生产方式和生活方式的发展,传统农业文明遭到毁灭性打击。正如尼采所宣称的"上帝死了",传统的道德和文化价值观念受到普遍的怀疑,人们开始"重估一切价值"。资本主义的生产方式和社会制度导致传统的血缘关系、伦理道德、价值观念不断解体,人们的心灵世界和精神面貌发生重大变化,促使以自我为轴心、以金钱为中心的个人主义价值观念不断建构起来。马克思十分深刻地指出,"资产阶级在它已经取得了统治的地方把一切封建的、宗法的和田园诗般的关系都破坏了。它无情地斩断了把人们束缚于天然尊长的形形色色的封建羁绊,它使人和人之间除了赤裸裸的利害关系,除了冷酷无情的'现金交易',就再也没有任何别的联系了。它把宗教虔诚、骑士热忱、小市民伤感这些情感的神圣发作,淹没在利己主义打算的冰水之中",资产阶级用"公开的、无耻的、直接的、露骨的剥削代替了由宗教幻想和政治幻想掩盖着的剥削",它"抹去了一切向来受人尊崇的和令人敬畏的职业的神圣光环","把医生、律师、教士、诗人和学者变成了它出钱招雇的雇佣劳动

---

① 马克思恩格斯全集:第 30 卷[M].中央编译局,译.北京:人民出版社,1995:112.

者"。现代资本主义社会使得一切固定的僵化的关系以及与之相适应的被尊崇的观念和见解都被消除了,一切新形成的关系等不到固定下来就陈旧了,一切神圣的、崇高的东西都被亵渎、消解了,偶像被打翻了,人们开始从天国降到人间,冷静地、现实地、世俗地看待他们的生活地位和相互关系。在马克思看来,一方面,资本主义的核心价值观比传统社会具有重大的历史进步意义;另一方面,在某种程度上又表现出世俗化乃至颓废的倾向。所以,资本主义之所以具有历史的暂时性,是由其客观的历史趋势所决定的,根本的是由其社会基本矛盾,即生产的社会化与生产资料的私人占有制之间的矛盾所决定的,其背后有着深层的文化价值观的根源。如同资本主义制度有一个产生、发展和衰落的过程一样,资本主义的核心价值观也有其历史的暂时性、局限性和过渡性。因而无论是把资本主义制度当成是永恒存在的"历史终结论",还是把资本主义核心价值观当成是普世永存的"价值终结论",都是非历史的、非辩证的、非科学的。马克思主义经典作家关于资本主义社会及其核心价值观的科学分析,为我们正确认识资本主义核心价值观的二重性提供了根本的世界观和方法论指导。

二、西方学者对资本主义核心价值观二重性的论述

其实,西方不少学者也对资本主义核心价值观的二重性进行过比较深入的分析乃至批判。其中,马克斯·韦伯和维尔特·桑巴特这两位德国思想家很早就论述了资本主义文化精神的两面性。尽管这两位思想家都高度评价了资本主义精神对资本主义发展的重大促进作用,但是他们所强调的资本主义精神却大不相同,甚至大相径庭。如果说,韦伯强调的是资本主义精神的"禁欲苦行主义"(asceticism),即道德的一面,那么,桑巴特所强调的则是资本主义精神的"贪婪攫取性"(acquisitive),即非道德的一面。在韦伯那里,所谓资本主义精神就是指受到道德约束的利益冲动力,它源于新教伦理,并推动了资本主义相当时期的快速有序发展。但是,当资本主义发展到一定阶段后,这种宗教精神逐渐衰落了,"贪婪攫取性"变成了资本主义发展

的主导力量,从而导致了资本主义的堕落。对于资本主义核心价值观的两面性及其历史命运,美国学者丹尼尔·贝尔也作过十分深刻的论述。他指出,从总体上看,资本主义社会是一个"不协调的复合体",它由社会结构(主要是技术—经济部门)、政治与文化三个独立领域相加而成,而"经济、政治和文化三个领域各自拥有相互矛盾的轴心原则:掌管经济的是效益原则,决定政治运转的是平等原则,而引导文化的是自我实现或自我满足原则。由此产生的机制断裂就形成了一百五十年来西方社会的紧张冲突"。贝尔还从历史的角度分析了资本主义文化矛盾的起源:"回顾历史,可以看到资产阶级社会有双重的根源和命运。一个源头是清教与辉格党资本主义,它不仅注重经济活动,而且强调品格节制、诚实、以工作为天职的塑造。另一个源头是世俗的霍布斯学说,它本身是一种激进的个人主义,认为人的欲壑难填。"①这两种不同的源头代表着两种性质完全不同的价值取向,正是这两种性质各异的冲动力的相互制约、相互促进,特别是前者对后者的有效约束,促进了早期资本主义社会的有序发展。丹尼尔·贝尔精辟地指出:"无论早期资本主义的准确地理位置能否确定,有一点很明显,即从一开始,禁欲苦行和贪婪攫取这一对冲动力就被锁合在一起。前者代表了资产阶级精打细算的谨慎持家精神;后者是体现在经济和技术领域的那种浮士德式骚动激情,它声称'边疆没有边际',以彻底改造自然为己任。这两种原始冲动的交织混合形成了现代理性观念。而这两者间的紧张关系又产生出一种道德约束,它曾导致早期征服过程中对奢华风气严加镇压的传统。"②但是,随着资本主义的发展演变,禁欲苦行和贪婪攫取这一对冲动力之间的紧张关系逐渐消失:"禁欲苦行因素及其对资本主义行为的道德监护权,在目前实际上已经消失了。"丹尼尔·贝尔认为,当资本主义发展到了"晚期"之后,以新教伦理为核心的资本主义精神就越来越让位于以贪婪攫取为核心的资本主义精神,宗教传统对人们经济冲动的约束力越来越弱,于是人们在获取经济利益方面迷失了方向,这正是资本主义堕落的根源。那么,造成资本主义核心

---

① 贝尔.资本主义文化矛盾[M].赵一凡,译.北京:三联书店,1989:128.
② 贝尔.资本主义文化矛盾[M].赵一凡,译.北京:三联书店,1989:29.

价值观困境的根本原因在哪里呢？丹尼尔·贝尔认为，根源就在于资本主义制度本身，他分析指出："在资本主义发展早期，清教的约束和新教伦理扼制了经济冲动力的任意行事。当时人们工作是因为负有天职义务，或为了遵守群体的契约。破坏新教伦理的不是现代主义，而是资本主义自己。造成新教伦理最严重伤害的武器是分期付款制度，或直接信用。从前，人必须靠着存钱才可购买。可信用卡让人当场立即兑现自己的欲求。机器生产和大众消费造就了这种新制度、新欲望的不断产生，以及用以满足它们的新方法也促成了这一改变。"丹尼尔·贝尔指出，新教伦理曾经是被用来规定节俭的积累，当新教伦理被资产阶级社会抛弃之后，剩下的便只是享乐主义了，资本主义制度也因此失去了它的超验道德观的约束。如此一来，"资本主义的文化正当性已经由享乐主义取代，即以快乐为生活方式。在自由主义风气流行的今天，文化意象的楷模已同现代主义冲动合二为一，它的意识形态原理就是把冲动追求当成了行为规范。资本主义文化矛盾就在于此。现代主义的双重羁绊也因此产生"。事实上，国外对资本主义核心价值观持批评态度的大有人在。似乎难以令人置信，美国右翼学者布热津斯基就猛烈抨击了美国的文化价值观念，他尖锐地指出："以相对主义的享乐至上作为生活的基本指南是构不成任何坚实社会支柱的，一个社会没有共同遵守的绝对确定的原则，相反却助长个人的自我满足，那么，这个社会就有解体的危险。"因此，"美国显然需要花一段时间，在哲学上进行反省和文化上作自我批判"。德国是盛产思想大师的国度，诞生了康德、黑格尔、马克思、韦伯等思想巨匠。但是，面对经济全球化的汹涌浪潮，前联邦德国总理赫尔穆特·施密特还是满怀忧虑地撰写了《全球化与道德重建》一书，对全球化时代以美国文化为主导的享乐文化的严重危害以及进行道德重建的紧迫性进行了比较系统地论证。他深怀忧虑地指出：美国的戏剧、小说、爵士乐和其他音乐的确丰富了世界文化，但是，性和犯罪场面却是美国娱乐工业所提供的不良的、有些甚至是十分危险的内容。目前，娱乐工业正所向披靡，不仅席卷德国，而且席卷全球，冲击整个世界的任何地方，直到中国、日本和印度尼西亚的边远城市。电信也是全球化不可缺少的方面之一。娱乐工业所促成的低档次电视节目，尤其是极其廉价的乃至十分不良的节目的全球化正在危害各国的文化传统。施密特提醒人们,德国丰厚的传统文化和价值观受到了当今德国人的惊人冷遇,德国人现在只能指望此后再搞一些像艾兴多夫纪念活动、康德纪念活动之类的活动,以便德国的伟大文化成就和价值的传承不被抛进受到忽略的社会角落。如果德国人不把从先辈那里继承来的东西传递下去,德国人所能传给后代的东西就所剩不多了;而一旦全球化磨蚀掉德国人传递传统价值的能力或意愿,德国人将坐吃山空,变得退化,成为那种面向收视率、广告收入和销售指标并追求大众效应的低水准伪文化的牺牲品。据此,施密特强调指出:欧洲人和德国人必须谨慎从事,防止全球化来侵蚀他们自己的语言乃至文化。近20年来全球化趋势在21世纪初将会有力地延续下去,它恰好不会只是带来机遇,也会隐含着危险。基于此种忧患意识,他大声疾呼德国人必须要进行"道德重建",因为德国"正处于一种经济、社会和心理各方面都日益危险的形势中,我们这个国家和民族更加需要思想和政治上的引导"。

基于对资本主义及其核心价值观的发展趋势的认识,美国学者伊曼努尔·华勒斯坦指出,当今时代,"我们并非处于资本主义胜利时期,而是处于资本主义混乱的告终时期"。又说:"资本主义将成为过去,它的特定的历史体系将不复存在。"①华勒斯坦对资本主义即将走向灭亡的断言虽然有些过分乐观,但他所预言的大趋势却是正确的——资本主义及其核心价值观都已经处在了向新的制度和新的核心价值观过渡的时期。

三、正确看待资本主义核心价值观及其历史趋势

资本主义的核心价值观经历了数百年发生、发展和演变的过程。肇始于文艺复兴运动并在欧洲启蒙运动后得以高扬的资本主义理性精神和自由、民主、平等、人权等价值观念,对于促进资本主义生产方式,巩固和发展

---

① 华勒斯坦.历史资本主义[M].路爱国,丁浩金,译.北京:社会科学文献出版社,1999:108.

资本主义制度,以及促进现代社会的形成和发展发挥了十分重要的作用。以个人主义、功利主义、自由主义和理性主义为主要特征的资本主义核心价值观,在资产阶级上升时期对打破封建统治的经济政治文化基础,扫清资本主义发展的障碍,发挥了十分积极的作用。在可以预见的相当一段时期内,资本主义核心价值观还会继续发挥作用。但是,正如恩格斯所说,资本主义社会所特有的生产的社会性与生产资料的私人占有制之间的矛盾"已经包含着现代的一切冲突的萌芽"。① 资本主义社会这一特有矛盾包含着资本主义文明的一切矛盾冲突的萌芽。随着资本主义的发展演变,特别是随着当今经济全球化趋势的不断加剧,资本主义核心价值观的内在矛盾越来越凸显,带来的问题越来越尖锐。当今世界比较突出的几大矛盾,包括人与自然、人与社会、人自身灵与肉的矛盾等,都与资本主义核心价值观的深层影响密不可分。资本主义生产方式和生活方式的存续和扩展,必然导致工具理性和功利主义的大肆扩张,在推动人们征服自然能力大幅提高的同时,也造成了人与自然关系的紧张:当今世界的能源短缺、环境污染和生态危机等严重问题,即是其中的一个恶果;个人主义和自由主义的大行其道,造成了一些人以自我为中心,助长了极端个人主义和享乐主义的盛行,带来了人与社会、人与人之间的紧张关系,萨特"他人是地狱"的说法即是一个鲜明的例证;工具理性的僭妄和价值理性的缺位,致使许多人过分追求物质享受,精神世界贫乏乃至空虚,苦闷、彷徨、孤独、无所归依、缺乏精神追求,带来人们内心世界的尖锐冲突。美国学者赫伯特·马尔库塞对资本主义社会"单面人"的揭露,卡伦·霍妮对"神经症人格"的剖析,都是比较深刻的。

关于资本主义核心价值观发生、发展、演变的过程及其内在矛盾和危机,有学者从"理性"概念出发,通过深入分析理性的同化与异化,探讨了西方资本主义兴起与衰落的内在机理及其发展趋势。他认为,西方资本主义的兴起过程实质就是理性同化的过程,与此同时,也埋下了理性异化的种子。随着理性同化的完成,理性异化的力量也达到了顶点,从而导致了现代资本主义及其核心价值观的一系列矛盾和冲突。他认为,所谓西方世界的

---

① 马克思恩格斯选集:第 3 卷[M].中央编译局,译.北京:人民出版社,1995:744.

衰落,最主要的就是西方理性主义的衰落,是市场理性的矛盾导致市场制度的衰落,是资本主义价值理性和意识形态的衰落。而资本主义核心价值观的衰落主要表现为三个方面:一是资本主义精神的没落,二是西方普世主义的危机,三是悲观主义思潮的兴起。因此,对于资本主义核心价值观,既要看到它的历史进步意义,又要看到它的内在矛盾和历史局限性,坚持具体的、历史的科学分析,坚持一分为二的正确态度。当前,特别要注意盲目地崇拜资本主义核心价值观这一错误倾向。资本主义制度绝不是如美国学者弗兰西斯·福山所宣扬的已经达到人类历史终结阶段的完美制度,资本主义核心价值观也绝不是达到历史终结的完美价值观。这是中外许多学者的共识。法国解构主义大师雅克·德里达在反驳弗兰西斯·福山所谓资本主义制度是人类历史上空前绝后的最好制度时,一下子就列举了资本主义制度的十大弊端:失业;对无家可归的公民参与国家民主生活的权利的大量剥夺;在欧共体诸国之间,在欧共体国家与东欧各国之间,在欧洲和美国之间,以及在欧洲、美国和日本之间发生的无情的经济战争;在自由市场的概念、规范和现实方面控制矛盾的无能;外债和其他相关机制的恶化使人类的大多数处于饥饿或绝望状态;军火工业和贸易被列入西方民主国家科学研究、经济和劳动社会化的常规调整范围;核武器的扩展,甚至连国家机构都无法控制,并且这种情况由来已久;由一种古老的幻觉和观念,一种共同体、民族—国家、主权、边界、本土和血缘的原始概念的幻觉所驱使的种族间的战争在加剧;黑手党和贩毒集团扩散成世界范围的势力,渗透到各个角落,也侵入了政府和政府间的机构;国际法和国际机构的实施受到种种限制,特别是受到特定的民族—国家的限制。德里达指出,正是由于资本主义世界有如此之多的弊端,因此它绝不是如福山所说的什么最好的制度,他强调指出"经济战争、民族战争、少数民族间的战争、种族主义和排外现象的泛滥、种族冲突、文化和宗教冲突,正在撕裂号称民主的欧洲和今天的世界"。① 美国是许多人心目中资本主义的完美典范,但忠诚服务于美国的布热津斯基也坦言美国的"基本难题"主要包括:债务,贸易赤字,低储蓄和投资,缺乏工业

---

① 德里达.马克思的幽灵[M].何一,译.北京:中国人民大学出版社,1999:115.

竞争力,生产力增长速度低,不适宜的医疗保健制度,低质量的中等教育,贪婪的富有阶级,爱打官司到了走火入魔的程度,日益加深的种族和贫困问题,广泛的犯罪和暴力行为,大规模吸毒现象的蔓延,社会上绝望情绪在内部滋生,过度的性自由,通过视觉媒体大规模地传播道德败坏的世风,公民意识下降,潜在的制造分裂的多元文化主义抬头,政治制度出现上下脱节现象,日益弥漫的精神空虚感等。这些"难题"涵盖了经济、政治、文化、思想道德、价值观念等各个领域,说明美国在经济社会发展中也是问题成堆,绝非完美无缺。布热津斯基还特别指出了美国在文化价值观方面存在的突出问题,强调"美国显然需要花一段时间,在哲学上进行反省和文化上作自我批判"。许多西方学者纷纷指出,资本主义国家的许多问题迫切需要解决,资本主义核心价值观迫切需要进行反思和调整。事实上,福山已经改变了自己的"历史经济论",转而对资本主义表现出空前的失望。

当前,我国理论界正在积极开展关于社会主义核心价值观的研究。我们对于资本主义核心价值观的二重性要有清醒的认识,要坚决破除盲目崇拜资本主义核心价值观的错误做法,要清醒地认识到:资本主义的核心价值观如同资本主义制度一样,绝不是已经达到人类发展顶峰的"终结者",而是一个处在过渡时期的"过渡者"。恩格斯曾十分精辟地指出:"历史同认识一样,永远不会在人类的一种完美的理想状态中最终结束;完美的社会、完美的'国家'是只有在幻想中才能存在的东西;相反,一切依次更替的历史状态都只是人类社会由低级到高级的无穷发展进程中的暂时阶段。每一个阶段都是必然的,因此,对它发生的那个时代和那些条件说来,都有它存在的理由;但是对它自己内部逐渐发展起来的新的、更高的条件来说,它就变成过时的和没有存在的理由了;它不得不让位于更高的阶段。"[1]社会主义核心价值观逐步取代资本主义核心价值观,这是历史发展的客观趋势。

---

[1] 马克思恩格斯选集:第4卷[M].中央编译局,译.北京:人民出版社,1995:216-217.

第三节　空想社会主义核心价值观的面向

在社会主义思想史中,马克思主义产生之前的社会主义被称为空想社会主义。其"空想"之名,则来自于最早的社会主义思想文献——托马斯·莫尔的《乌托邦》。"乌托邦"一词出自希腊文,意为"子虚乌有"的地方,因而早期的社会主义也被称为"乌托邦的社会主义"。而在早期的社会主义思想中,托马斯·莫尔的《乌托邦》、康帕内拉的《太阳城》、安德里亚的《基督城》是"早期空想社会主义的三颗明珠",这三本著作所反映的社会主义思想也成为后来空想社会主义思想体系的雏形。

一、托马斯·莫尔和他的《乌托邦》[①]

托马斯·莫尔(1478—1535)是欧洲文艺复兴时期英国杰出的人文主义者和空想社会主义者。莫尔1478年出生于伦敦一个富裕的法官家庭,1535年,因为在宗教问题上违抗英王旨令而被处死。他从小就受到良好的教育,就读于伦敦的圣安东尼学校。14岁进入牛津大学,他大量研读了古希腊罗马哲学家的著作,并深受柏拉图和亚里士多德思想的影响,柏拉图的《理想国》对其后来创作《乌托邦》具有重要的影响。在资本原始积累时代的英国,莫尔深切感受到圈地运动带来的严重社会问题。作为一名律师,他接触了大量涉及下层社会的诉讼案件,目睹了广大人民群众所遭受的苦难,同时也对当时的社会黑暗有了深刻的了解,因而对下层人民给予深深的同情。他看透了社会不平等和下层民众日益贫困化的原因,即国家赖以生存的基础:以剥削为特征的私有制,这使他开始思考如何建立更美好的社会制度。尽管他对英国的社会与政治非常不满,但王朝的专制统治和他曲折的从政经

---

① 莫尔.乌托邦[M].戴镏龄,译.北京:商务印书馆,2006.

历,使他不能发出公开的批判声音。然而他所生活的大航海时代,却使他可以通过一个虚构的"乌托邦岛"来阐发他的政治理想和抱负。1516年,在社会主义思想史上具有重要意义的文献《乌托邦》应运而生。托马斯·莫尔因此也成为近代空想社会主义的奠基人。

《乌托邦》以对话形式将理想国与现实社会进行比较,集中反映了莫尔的政治思想。莫尔反对以剥削为特征的私有制,主张财产公有。财产公有是乌托邦中的最大特点。莫尔认为私有制是万恶的根源,私有制存在,就不可能根除贪婪、掠夺、战争及一切造成社会不安的因素。在这种制度下,总是凶残狡黠的人占便宜,取得最多的财富,他们是人口中的少数。而人口占多数的劳动人民,对社会作出极大贡献,却穷困潦倒,生活无着。这样的社会是何等的不公正!在莫尔的乌托邦社会里,全体社会财富为大家所公有,"每人一无所有,而又每人富裕"。人民到指定的市场领取所需要的东西,不付钱,不付任何代价,也不受数量限制。乌托邦物资充裕,取之不尽。城市之间,城乡之间都平均分配,互通有无,不需补偿。总之,乌托邦财产公有,按需分配。其前提是物资非常充足,产品非常丰富。整个乌托邦就是一个共产主义大家庭。

莫尔憎恨剥削,反对不劳而获。因此,在乌托邦没有贵族、地主阶层。除了少数人外,人人都参加劳动。乌托邦的劳动是生产性的,都是用于增进国家财富,提高社会福利,有利于人们衣食住行各种生活状况的改进。乌托邦尤其重视农业劳动,农业是一项受人尊敬的劳动。无论男女,从小就在学校接受农业教育,并到田地上实践。城市中每个公民都须在农村住两年,以种田为业。城市居民如到本城郊区观光,必须参加当地的农业劳动才能得到食物供应。

莫尔生活的时代,无数因圈地运动而失地的农民流落城市,居无定所,生活状况恶劣,健康状况恶化,他们的子女也无法享受受教育的权利。因此,莫尔在乌托邦里也对住房、卫生和教育问题提出了许多美好的设想。城市人口问题在乌托邦里受到一定的重视。乌托邦的城市具有严格的人口限制。如果一座城市人口超过限制,多余的人口则被要求前往人口稀少的城市。城市绿化很好,街道整洁,交通顺畅,还有充足的住房供居民居住,且定期轮换住房。此外,乌托邦城市的市场、医院、公共食堂等一切设施都免费为公民服务。乌托邦人重视卫生健康问题,他们把卫生健康当成大事来抓,有完备的医疗体系。他们注意保持公共卫生,防止环境污染,防止疾病流传。乌托邦人除每天6小时工作时间外,还有1小时娱乐时间,他们有充足的休息和睡眠时间。鉴于当时英国社会下层民众生活健康状况的恶劣,莫尔还特别指出,乌托邦人的健康状况是好的。乌托邦人重视国民教育,他们对推行教育不遗余力。任何儿童都要接受教育,而且他们的教育方式是学习与实践相结合。此外,他们还重视社会教育,着重提倡公共道德、集体义务、正当娱乐,以营造良好的社会风气。乌托邦尊重知识、尊重人才,进行学术研究的人可以不必参加体力劳动,参加公开举行的学术报告会是乌托邦人公共生活的重要内容。国家的重要公职必须要由有学识的人来担任,包括城市首长的职位和充当外交使节的人。乌托邦人重视古代学术遗产。他们对外国过客所带来的欧洲古代作品,不管是哲学、文学、历史还是科学等方面的,都认真保存,其中大多为经典名著。他们学习古希腊语很快,因此能阅读这些书。但他们不只是注重书本知识,而是理论与实践并重。对于外来的技术他们除领会其理论外,更重视亲手实践。莫尔在《乌托邦》里描述的是一个富足的公有制社会,但是从其经济状况来看,还保留了大量自然经济的特点,基本上反映了英国16世纪的社会经济水平。时代的局限限制了莫尔的认知水平,他没有认识到生产力的重要性,也没有清楚地认识到推动社会进步的力量,因而他的理想国也就变成了真正的"乌托邦"。

二、托马斯·康帕内拉和他的《太阳城》[①]

托马斯·康帕内拉(1568—1639)生于意大利卡拉布里亚省,他在一位多米尼克派僧侣的指导下接受最早的教育,15岁时在这位僧侣的影响下进了修道院,开始钻研神学和哲学,因自己的学识和天分而出名。他曾积极参

---

① 康帕内拉.太阳城[M].陈大维,黎思复,黎廷弼,译.北京:商务印书馆,1997.

加过当时的神学和哲学辩论会。他的自由思想和对当时权威的挑战引起了一些人的不满,他们以多种理由对他进行打击,他开始辗转游学。1598 年他因参与反对当时统治意大利南部的西班牙君主国政权的密谋而被捕,曾屡次受严刑拷问,被判处无期徒刑。1639 年,康帕内拉逝世于法国。康帕内拉坐了几乎 30 年的牢。他的一些最重要的著作,其中也包括对话体裁的《太阳城》,就是在狱中写成的。康帕内拉的《太阳城》在社会主义思想史上占有重要的地位,他在《太阳城》中提出的空想社会主义体系,对其后很多空想社会主义思想产生过影响。

康帕内拉同莫尔一样对私有制深恶痛绝,主张彻底废除私有制,实行公有制。康帕内拉在《太阳城》中指出,太阳城的"公社制度使大家都成为富人,同时又都是穷人;他们都是富人,因为大家共同占有一切;他们都是穷人,因为每个人都没有任何私有财产;因此,不是他们为一切东西服务,而是一切东西为他们服务"。因此,康帕内拉认为太阳城的制度是最符合天赋人权和人类本性的。根据天赋人权,一切都是公有的。造物主创造土地,是想使它成为公有财产。蜜蜂的生活就是天然公有的榜样。划分财产是违反天赋人权的,"我的"和"你的"是骗人的话。私有制和自私自利是违反对人仁爱的道德要求的。富有和贫穷,这是人类社会的主要缺陷,他们造成了一切恶习,而贪婪是一切恶习的根源。太阳城"实行的公有制消除了自私自利引起的一切恶习,而以对公社的爱来代替他们。那里既没有悭吝和互相敌视的行为,也没有讼争和欺骗"。

由于实行了公有制,消除了一切恶习的根源,因而康帕内拉的太阳城是一个没有等级,且有完善的政治制度的理想社会。在太阳城里,每个成员在经济上和政治上是平等的,不存在剥削和被剥削、压迫和被压迫的关系,即使是统治者也没有什么特殊的权利。在这里,领导者通过选举产生,他们都是有知识、有学问、有实际才能的人。最高统治者被称为"太阳",有很高的威望,受到社会的尊敬。按照康帕内拉的设想,"太阳"同时是世俗和宗教的首领,是国家的最高决策者,他们的职务是终身的,除非是发现了一个德才更高的公民能治理国家时,才能更换。政府机关由"太阳"和三个助手以及一些高级官员组成。太阳城的议会不仅可以批判统治者的工作,而且可以提出罢免统治者的要求。政府官员除"太阳"和他的三个助手外,都是从由人民议会提出的候选人中择优录用的,国家的职位完全根据个人的天赋和才能来分配,从而消灭了职位继承或因贪图功名而产生的恶行。每个人要在自己的德行出众时才获得职位。康帕内拉认为这种民主选举的方法是合理的,是符合自然法的,是合乎人性的。这样选出的人组成的政府一定是清正廉洁的。

在太阳城里,政府官员分工精细,社会秩序井然。太阳城的最高统治集团成员有明确的分工。"太阳"是最高决策者,一切问题和争论最后都由他作出决定。"太阳"手下的三个助手各有分工,"威力"掌管战争与和平的事务,"智慧"分管手工业、科学和艺术,"爱"负责生育、教育、医疗以及有关农、食等方面的事务。三人在"太阳"的统领下,分工协作,各司其职。最高首领"太阳"一定要熟悉各个民族的历史、风俗、宗教和法律,还要熟悉各个共和国和君主国的情况。他的三个助手必须研究各自管辖范围内的科学知识。他们都是熟悉本行,精通业务,具有广博专业知识和实际才能的人。此外,太阳城实行法治管理,各个岗位上的人就是法官,他们可以根据法律条文对犯罪的人作出判定。而"太阳"拥有最后宣判、执行判定或特赦的权力。因为管理得当,太阳城的人民团结一致,民心向善,社会安定。

康帕内拉提出了普遍义务劳动和劳动光荣的思想。他对现实社会中的过度劳动和游手好闲的人非常痛恨。因此,康帕内拉强调一切劳动都由全体公民共同负担,而且还强调所有劳动没有贵贱之分。在太阳城,只是根据他人的身体状况来分配不同的劳动,因为"考虑到每个人的禀赋这样分配工作,所以每个人所从事的劳动,都不会危害身体,反而会发展他们的体力。妇女则从事不太繁重的工作"。劳动都被看成是光荣的,因为他们自己"认为这些工作是最光荣的"。

太阳城还重视体力劳动和脑力劳动相结合,特别注意利用科学技术成果来减轻劳动强度。太阳城所有的繁重劳动都用机械代替。此外太阳城还注重发展畜牧业,生产各种畜产品供人民使用。由于太阳城重视科技的发展,他们每天只劳动4小时,其余的时间用于科学研究、读书、体育和文娱活动,这比乌托邦要减少2小时。太阳城还注重社会教育事业的发展,主张通过系统的社会教育提高人民的知识素养。他们重视优生优育,儿童从小就按性别交由国家指定的男女教师去抚养和教育,有计划地进行各种专业知识的学习。太阳城还通过绘画等多种载体向儿童和成人进行科学知识的教育。康帕内拉认为,实行普遍系统的社会教育,是提高公民素养、保证社会繁荣的必要条件。

康帕内拉设计的太阳城是一个充满文明、进步和幸福的理想国家,反映了文艺复兴时代广大下层民众对自由与和谐社会的向往。同样,历史的局限性使这种美好理想在当时成为不可能实现的"乌托邦"。

三、约翰·凡·安德里亚和他的《基督城》[①]

约翰·凡·安德里亚(1586—1654)生于德国西南部符腾堡州杜宾根市附近的赫伦堡。他的祖父曾任杜宾根大学神学教授和校长,积极推行宗教改革,是1577年宗教信条协议的主要制订者,被称为"符腾堡的路德"。他的父亲是路德派神甫,曾任赫伦堡神学院院长,后改任哥尼斯勃朗修道院院长。家庭的宗教与科学信仰深深地影响了他,他自幼喜爱宗教经典和研究自然界的奥秘。1601年,他进入杜宾根大学,广泛涉猎多种学科,成为一个才智出众的人。他也自认为既具有马丁·路德的宗教改革观念,又酷爱研究自然。1607年,他开始为期5年周游欧洲的历程,他直接感受到当时西欧新兴的资本主义制度及其所带来的社会变化和社会矛盾,也感受到文艺复兴运动在思想文化界形成的清新气息和对中世纪旧神学的冲击,这些都为他后来的社会主义思想提供了生活源泉。回国后他继续研究神学,但路德教派正统观念的流于俗套使他失望,他开始尝试建立一种教区间的救济联合组织,主要为贫苦人,尤其是为工人建立互相支援、互相保护的组织。德国经济上的落后、政治上的分裂、思想文化上的保守,使他深感促进德国普遍改革的必要,并且当时德国许多有识之士都在思考并提出改革的设想和

---

① 安德里亚.基督城[M].黄宗汉,译.北京:商务印书馆,2005.

方案。1619年,他的社会主义思想名著《基督城》在这样的历史背景下出版。《基督城》出版后,他继续致力于设计自己的理想国方案,并努力付诸实践,直到1654年去世。

《基督城》采取文学游记的体裁,描述一个海外仙岛上新型的生产资料公有制的社会制度。与《乌托邦》和《太阳城》的间接转述不同的是,《基督城》采取第一人称的写法,记述了作者的亲身经历和直接观察。

基督城实行公有制,生产资料均归公共所有,所有产品也都交到公共仓库。基督城的所有适龄人都参加劳动,没有剥削者、懒汉和奴隶。全部生产都是手工生产,劳动有专业的分工,从事工业、农业、畜牧业者都有专门的技能。劳动时间不长,但并没有规定明确的劳动时间。在劳动之余,有全国性的休息。到了晚上,基督城灯火通亮。他们认为,这样可以使在黑暗中工作的人们减轻恐惧,也会减少很多罪恶的勾当。

在产品的分配上,基督城也实行平均主义。居民的食物按年成和人口发放,肉、鱼、禽等每人一份,应发的次数和各人的年纪均在考虑之内。居民的穿衣,也是平均发放,每人两套衣服。衣服的颜色和样式均非常朴素。在居住方面,由国家统一分配和指定个人使用,房屋样式统一,居住环境非常优美。在生老病死问题上,基督城带有明显的平等主义和集体主义色彩。基督城实行一夫一妻的小家庭制,不鼓励无节制的生育。老人得到最大的尊敬,国家指定专人护理他们,使他们得到特别的照顾,孤儿也得到国家统一的教养。基督城的人们可以平等地享受医疗救助,医生对大人物和普通百姓进行同等的治疗,并且采取药物和心理相结合的救治方法。而且基督城的人们懂得死亡的真谛,他们对死亡处之泰然。基督城的人们的思想素养达到了很高的境界。有杰出才能的人,不收取任何额外的报酬。这里也没有人因为门第显贵而享受特权,或者任意犯罪和带头腐化。

在政权及政府设计上,基督城是集体领导的共和国,共和国由三个人联合执政,在三人之下,政府共有官员八个,每个官员还有一个下属作为助手。所有这些官员都没有丝毫傲慢专横的样子,他们靠自己的模范行为领导别人。作为立法机关的议会由24人组成,他们都是全体公民中最卓越的人。法律和律师在这里几乎没什么用处,因为大家都循规蹈矩地生活,解决争端和纠纷易如反掌,也无需求助法典。

《基督城》把科学技术放在显要的位置。为了发展化学,基督城设有装置精巧的实验室;为了发展生命科学和医学,基督城设有解剖室,既解剖动物,也解剖人体。基督城建有物理大楼,里面以各种图像展现了自然发展的历史,此外还有机械陈列室。医学实验室专门用来深入探究各种疾病及其治疗和预防之道,还有进行外科手术的房间。基督城的科学研究非常注重应用于实际,使之变为直接的生产力。安德里亚还在《基督城》中提出了发展机器生产和开展竞赛的主张。他比培根的《新大西岛》更早地揭示了科学对于社会主义的意义。

基督城非常重视教育。基督城的学校开设了涵盖德育、智育、美育、体育等方面的八个学科的教育。比如智育就是多种多样的,分门别类对学生进行启迪教育。文法讲堂分为三个部分:文法和古代语言、讲演术、现代语言。安德里亚主张学生在学习希腊语的基础上再学习拉丁语,反对只用拉丁语教学。逻辑讲堂分为伦理学、形而上学和神智学,让学生学会把他们遇到的事情分门别类,并作出演绎推理,使他们认识真、善、美。而伦理学则旨在培养人类的一切美德,诸如谨慎、争议、公道、勇敢等品质。总之,基督城的教育是注重德、智、体、美全面发展的教育。

四、早期空想社会主义思想

作为马克思主义来源之一的早期空想社会主义思想,体现了前辈先贤对人类理想社会的追求和人类获得普遍幸福的憧憬。以空想社会主义为代表的早期社会主义是在批判资本主义的基础上产生的,资本主义的发展和资本主义各种矛盾的暴露促使思想家们为解决资本主义的矛盾和资本主义造成的社会问题而提出社会主义的理想。英国人莫尔能够于1516年出版第一本空想社会主义名著《乌托邦》,意大利人康帕内拉能够在1613年出版同类名著《太阳城》,应该看做是当时英国和意大利资本主义矛盾发展的产物,同时也是以意大利为中心的波及英、法等国的文艺复兴运动所产生的人文主义思想,进而发展成为无产阶级要求解放的激进思想的产物。《基督城》的出现则与德国早期资本主义的发展和不彻底的宗教改革有很大关系。

早期空想社会主义的思想大多具有基督教色彩。中世纪以来,欧洲一直在基督教的神学统治之下,直到文艺复兴时期,任何有影响的思想家无不是在基督教的支配之下,三位早期的空想社会主义思想家也不例外。莫尔少年时代曾寄住在一位大主教莫顿的家中,成年后又曾进入修道院居住四年。他本人是一位虔诚的宗教信徒,一生都拥有坚定的宗教信仰。因此,在《乌托邦》中,莫尔用大量的篇幅谈到了乌托邦人的宗教信仰问题。康帕内拉15岁进入修道院学习神学和哲学,他的《太阳城》更是基督教化的理想国。"太阳"是政教合一的领袖,既是国家最高首脑,又是宗教最高领袖。《基督城》更是充满着基督教的色彩。安德里亚出生于宗教家庭,他是一个路德派的基督徒。他把基督教的一套做法搬到他的理想国,实际上他认为真正的理想国就是基督教化的国家。但是,与传统宗教不同的是,早期空想社会主义思想的宗教体现了人文主义精神和宗教改革的设想,采取宽容开放的态度,并且设计和描绘了未来基督教理想国的模式,引导信徒为实现这种理想而奋斗。

空想社会主义是科学社会主义的直接来源。马克思和恩格斯都高度肯定空想社会主义对世界社会主义的贡献。根据马克思和恩格斯的看法,空想社会主义之所以是空想,主要是由以下因素决定的:一是无产阶级本身还不够发展,无产阶级解放的物质条件还不成熟,无产阶级和资产阶级之间的阶级斗争还不够尖锐;二是他们只把无产阶级当做受苦最深的阶级,还认识不到它的历史作用;三是他们站在超阶级的立场上,主张通过道义的力量与和平的途径把资本主义变成社会主义。空想社会主义的局限性已为科学社会主义者深刻揭示,空想社会主义也让位于科学社会主义。早期社会主义关于未来社会的设想,其中包含了许多的合理成分,之所以称之为空想,是因为他们设想中的这些合理成分,在资本主义条件下根本不可能实现。但他们对资本主义生产方式的批判,以及他们对未来社会的设想中提出的某些社会问题的解决方案,对我们仍有启示意义。不可否认,空想社会主义核心价值观包含的平等、公正、自由等理念,正被后来的无产阶级自觉承继。

第四节　全球化与后现代价值观的特征

全球化是由多种因素促成的,是一个充满内在矛盾的过程。实施可持续发展战略必须充分认识全球化带来的机遇和挑战,正确解决全球化进程中人与人、人与自然以及人与自我这三重关系之间的矛盾。后现代价值观从伦理层面和价值观层面上为可持续发展提供了一种新的理念支撑,这既是对旧世纪的反思,也是对新世纪的展望。

一、全球化问题的由来

所谓"全球化",是指人类活动超越民族国家界限,在世界范围内展现出的物质、能量、信息等全方位的联系、沟通、交流、互动的客观历史趋势。它是伴随着人类交往的不断扩大,多种因素共同作用的产物。人类社会的全球化进程大致可以分为三个阶段:15 世纪的地理大发现,揭开了全球化进程的序幕;18 世纪的工业革命和资本主义在西欧迅速发展,突破了农业经济时代的地方狭隘性,"由于开拓了世界市场,使一切国家的生产和消费都成为世界性的了";20 世纪下半叶的信息技术革命,极大地突破了传统的时空界限,加快了全球化的进程。尤其是 20 世纪 90 年代以来的全球化大潮,引起了人类社会政治、经济、科技、文化、思想等领域的深刻变革。如果说经济的全球化发展、科技的飞速进步以及新的世界格局的形成等因素,从积极方面促成了全球化进程中的相互关联和人类的共同利益,为实施可持续发展准备了外在条件的话,那么,随着人类交往的不断扩大而出现的否定性因素——全球性问题的凸显,则从消极方面促成了这种关联和共同利益的形成,成为实施可持续发展战略的内在动因。全球性问题是在全球范围内普遍存在的、影响人类社会生存和发展的一系列重大问题。从时空维度来看,它不是某个国家和地区存在的个别问题,而是关系到代内和代际共同利益

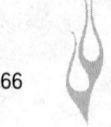

的普遍性问题；从解决方式来看，需要全球协调一致和相互协作，具有国际性特征；从涉及的广度来看，包括政治、经济、文化和生态等各个领域，具有多样性特征。在政治方面，冷战思维依然存在，霸权主义和强权政治仍然是威胁世界和平与安全的主要根源；在经济方面，国际上的贫富差距进一步拉大，经济利益的矛盾日益突出；在环境方面，世界环境问题日趋严重，严重影响着人类的生存与发展；在人口方面，发展中国家的人口激增，不仅带来了极大的环境压力，而且使许多人面临着饥饿和失业的威胁；在文化方面，在西方强势文化的冲击下，一些民族文化正面临着严峻挑战，出现了身份认同危机。全球化对人类社会历史的深刻影响，尤其是日益凸显的负面效应，为我们认识可持续发展问题的实质提供了社会背景，也为我们解读后现代价值观的理论主张提供了可能性。

二、可持续发展的价值指向

可持续发展是相对于传统发展观而言的。按照传统发展观，发展仅指经济发展和科技进步。可持续发展的概念于1980年首次被提出，目前对这一概念的理解得到国际社会普遍认同的是第42届联合国大会研究报告《我们共同的未来》中作出的界定：既满足当代人的需要，又不对后代人满足其需要的能力构成威胁的发展。这个定义包含两层含义：需要的含义和限制的含义。前者强调世界上贫困人口的基本需要应被放在特别优先的地位考虑，后者指技术状况和社会组织应对环境满足眼前和将来需要的能力施加限制。其核心是：(1)代际公平，即谋求发展时要考虑后代人的利益和发展；(2)发展不仅要追求经济效益，而且要追求环境效益；(3)注意协调贫富差距。可见，当前的可持续发展问题不仅是一个环境或生态问题，而且是社会问题和经济问题，它不仅涉及人与自然的关系，而且涉及人与人的关系以及人与自我的关系。可以说，这三重关系的紧张和冲突，是长期困扰人类可持续发展的痼疾，与全球性问题具有内在的一致性。从人与自然的关系角度看，启蒙以降，受人类中心世界观的影响，一切自然物都成了供人类发展经济的资源,人们为满足自己的贪欲肆无忌惮地改造和征服自然界。全球化进程进一步强化了这种贪欲和占有欲,新技术革命则为满足这种贪欲准备了必要的物质手段。特别是全球化所促成的人类在世界范围内的分工与合作,使人类征服自然的能力空前提高。结果是,人与自然的关系越来越恶化,人类正遭受着来自大自然的报复。从人与人的关系角度看,当代人的关系呈现出国际化、复杂化、无序化的特点,凸显为日益复杂的民族矛盾、国际冲突、地区争端和世界范围的两极分化、人际冷漠、恐怖主义活动频繁发生,等等。这些矛盾和冲突归根结底不过是人与人之间关系恶化的结果和表现。经济利益的矛盾和对立不仅是造成道德感脆弱和世界不稳定的根源,而且也是对可持续发展持不同态度的根源。以环境为例,发达国家理应对全球性的环境问题承担主要责任,并向发展中国家提供资金和技术支持,美国却拒绝在《京都议定书》上签字。在全球化的背景下,国家利益和狭隘的民族利益仍然是国际关系和人类交往的根本尺度。从人与自我的关系角度看,人文精神衰微、终极关怀缺失、物欲横流是现代人面临的共同危机。究其根源,人们依然没有摆脱传统发展观的樊篱,信奉着经济主义、物质主义和消费主义的价值观、生产模式和生活模式。但是,事实说明,市场经济和现代工具理性并不能回答和解决诸如"我是谁,我将向何处去"等意义和价值问题,也不能促使人们心灵中理性、意志和情感的和谐。不难看出,上述三重关系的矛盾和全球性问题具有内在一致性。不可否认,这三重矛盾的解决,可持续发展战略的贯彻,离不开各国在利益、政策和机制方面作出的调整和努力。但是,从伦理层面为可持续发展提供一种新的理念支撑,对建设一个以人为本的和谐社会更具有根本性的意义。从这个角度上讲,后现代价值观恰是顺应和反映时代发展潮流的一种新的理念。

三、后现代价值观的置立

后现代价值观是伴随全球化进程而出现的一种新的全球意识。它强调在全球化背景下,自觉超越狭隘的阶级、民族、国家界限,从人类相互依存和共同利益的角度出发,就可持续发展和全球性问题,努力形成共同的认识和采取共同的行动。

第一,主张超越"中心论"。长期以来,各种各样的中心论,尤其是"西方中心论"和"人类中心论"在人们头脑中占据着统治地位。"西方中心论",作为一种思维方式,强调西方的文化价值观念和思维方式具有普遍价值,"总想获得一种关于普遍的,关于支配宇宙最普遍原则的知识"。随着全球化进程的推进,这种思维方式已充分暴露出其固有的弊端。"人类中心论"认为,人是自然的主人,自然只是造福于人类的对象。这种价值观不仅妨碍人们客观地认识外部世界,正确地认识人与自然、人与自身的关系,在实践上也导致了严重的恶果。后现代价值观正是要摒弃这种"中心论"。

第二,对多元价值的诉求。如果说传统的"中心论"具有垄断性、封闭性和排他性的特征,那么,后现代价值观则倡导一种异质的思维方式,主张重新认识边缘价值,具有开放性和宽容性的特征。"多样化才能真正体现人类文化的本质,对人类的实践行为和生死存亡才真正有意义;单调和齐一不仅减少人的快乐和智力,物质与情感上的源泉,本质上也是违背人性的"。因此,后现代价值观要求公平、宽容地对待各种理论、传统和文化,无论是东方文化还是西方文化,无论是主流文化还是边缘文化,它们都是价值的源泉,一切个人、团体乃至整个文明都可以通过学习异己文化、制度和观念而受益。"罗马天主教可以通过学习佛教而获益,内科医生可以通过学习《内经》或者与非洲女巫医生交朋友而获益……科学家可以从非科学的方法和观点中获得好处"。① 在认识论上,后现代价值观推崇关联互动的系统整体观,主张以系统整体的观点看问题,强调相互受益性的共生共存,倡导"自己活,也让别人活"这一具有美德意义的伦理价值。后现代价值观是顺应时代的要求,是对达尔文式的"你死我活"的社会丛林斗争哲学的修正。

第三,摒弃二元对立的思维模式。二元对立的思维模式从主客二分的对象化模式出发,将人与人、人与自然看成是处于一种敌对的,甚至是漠不关心的异化关系状态,在实践上给人类带来了巨大的灾难。后现代价值观

---

① 费耶阿本德.告别理性[M].陈健,柯哲,译.南京:江苏人民出版社,2007.

认为,人与人、人与自然均处在一种联系的状态,存在于一定的关系之中。"人不是一种实体的存在,而是关系的存在。每个人都不可能单独存在,他永远是处于与他人联系的链条之中,是关系网络中的一个交汇点,而不是在社会中与其他孤立原子相碰撞、相结合的'社会原子'"。因此,在人与人的关系上,后现代价值观主张抛弃极端的个人主义,倡导互主体性,以对话沟通而非武力作为世界性话题的思考方式;在人与自然的关系上,由人类中心主义转向非人类中心主义,承认自然的内在价值,追求绿色生活方式,谋求人与自然的共生共荣;在人与自身的关系上,努力改善人类生存境遇,克服人的本质异化、精神迷失和片面发展的状态,促进人的全面自由发展。

第四,强调人、社会和自然的持续发展。如果说传统的发展观将经济增长和经济成效置于首要的地位,认为发展的意义就在于社会和个人福利的增进,增加人们的财富是提高人们幸福水平的最有效手段,那么,后现代价值观则把环境保护、文化问题置于优先地位。后现代价值观认为,判断一个发展过程是否是完善的,不能依赖单一的经济指标,而要看这个发展过程能否保持良好的生态环境,会不会对后代的发展构成不利影响。从以上可以看出,后现代价值观为我们思考全球化时代的人类发展提供了多重层面上的启示。在全球化时代,地球变得越来越小,地球上生命体的相互依存程度日益加深,只有从思想观念上将整个地球看成是人类共同的家园,抛弃"对抗模式",共同努力,和平共处,通力协作,才能解决人与人、人与自然以及人与自身之间关系的矛盾,走可持续发展之路,从而实现人类自由而全面的发展。

由此可见,科学发展观所确立的发展模式,就是对全球化的回应与自我发展的超越。它不仅作为当代马克思主义发展里程碑而存在,还在于它作为一种价值观的存在而彰显。

第四章 构建社会主义核心价值观的伦理基础

第一节 社会主义核心价值观探究历程

2006年10月,党的十六届六中全会首次提出"社会主义核心价值体系"的重大命题。这一命题一经提出就引起了学术界多层面多维度的探讨。2012年1月在《光明日报》总结的"2011年度中国十大学术热点"中,社会主义核心价值观的凝练位列首位。不可否认,建设社会主义核心价值观的实质在于:在国际上提升国家文化软实力,进而提高国家的文化竞争力,维护文化安全;在国内增强社会主义意识形态吸引力,增强民族凝聚力,掌握意识形态领域的话语权,并引领社会思潮。

一、关于社会主义核心价值观与核心价值体系的关系研究

关于社会主义核心价值观与核心价值体系的关系问题,是界定社会主义核心价值观概念和确定其地位的前提。学术界对两者的关系有着诸多的理解和看法。其中,具有代表性的有"前提抽象"论、"系统内核"论、"形式内容"论、"一般个别"论等。尽管分析和表述的方法不一,但以笔者搜集的材料来看,目前学术界多对社会主义核心价值观是社会主义核心价值体系的"内核"部分持肯定态度。有学者指出,社会主义核心价值观是社会主义核心价值体系的内核和最高抽象,体现社会主义的价值本质,决定社会主义核心价值体系的基本特征和基本方向,引领社会主义核心价值体系的构建。

还有人认为,社会主义核心价值体系按照从低级到高级的逻辑递升顺序排列为:社会生活价值观、经济价值观、政治价值观、伦理价值观以及核心价值观。尽管分析的理论起点各不相同,但是学术界对两者的一致性和统一性持普遍认同,认为"核心价值观在意识形态和思想道德层面的延伸与展开,即形成社会核心价值体系",是"一个问题的两种不同概括"。

基于社会主义核心价值观是"社会主义核心价值体系最基础、最核心部分"的认知,也有学者提出其核心"层次"的问题。另外有学者指出,"从概念的转换生成上来说,社会主义核心价值体系固然可视为社会主义的主导价值群,但是这一概念并未规定'核心'的层次"。"当社会主义核心价值观走向系统论,那么便可与核心价值体系相互等同。反之,当社会主义核心价值体系趋近一级本质,也会发生与核心价值观相等同的情况"。[1] 当然,持不同观点的人也同时指出,社会主义核心价值观和社会主义社会核心价值观是两种不同的概念,前者是人们对社会主义的最根本、最核心的看法,是人类社会发展的最终价值驱使和内在要求,是一个相对稳定的概念;后者是人们在社会生产活动中形成的对该社会近期奋斗目标的共识,集中体现在该社会的制度和具体生产方式上。

二、关于社会主义核心价值观发展条件的研究

社会主义核心价值观的发展条件,即在社会主义核心理念中,核心价值观发展所必须具备的实践根据和理论渊源,主要有以下几点:

(一)社会主义核心价值观的发展必须坚持马克思主义指导地位

学术界普遍认为,对社会主义核心价值观确立的合理依据的理解,必须走马克思主义中国化的路径,"我国社会主义核心价值观是马克思主义基本价值理论与中国实际相结合的产物"。因此,只有"依据马克思主义构建社会主义价值观的重要指导思想,充分吸收马克思主义中国化的最新理论成

---

[1] 禹国峰.社会主义核心价值观研究述评[J].道德与文明,2008(2).

果,才能使社会主义核心价值观既有深厚的理论根基,又能有力地体现社会主义社会的本质规定"。

(二)社会主义核心价值观的发展应以对传统文化的继承与发展为基础

持中国传统文化立场的学者认为,国人自古富有族群意识、国家情怀和"与时俱进"精神。因此,对于传统文化,"剔除其消极因素,传承其积极成分,并发展为以爱国主义为核心的民族精神和以改革创新为核心的时代精神,对实现中华民族的伟大复兴具有重大意义"。也就是说,核心价值观只可能在历史沉淀的基础上实现创新发展,中国的优秀传统文化是核心价值观之根。没有对民族优秀传统文化的传承和弘扬,核心价值观的凝练就会成为无本之木、无源之水。

(三)社会主义核心价值观的发展应面向实践、遵循规律

"什么是社会主义,怎样建设社会主义",是由我国性质决定的,也是对社会主义核心价值观提出的客观要求。众所周知,实践的观点是马克思主义首要的基本观点。因此有学者指出,社会主义核心价值观应当到社会主义实践,特别是中国特色社会主义实践中去寻找。同时,还有学者认为,社会主义核心价值观应能够把握社会发展的趋势和方向,推动社会生产力的发展和社会进步;以有利于社会的全面进步为己任,把社会的一切积极因素调动起来,引导到建设社会主义的伟大实践中去。

(四)社会主义核心价值观的发展应深入生活,反映中国人民的共同心声

学者们大都认为,社会主义核心价值观"应当关照时代和人民大众的现实需求,所以应当具有普遍性和大众性",与此同时,"深入生活与面向实践在逻辑上是一致的,深入人民大众生活是面向中国特色社会主义实践的内在要求","要特别关注社会主义核心价值观在人民大众的日常生活中生根、发芽、结果的发展历程和现实逻辑"。比较普遍的观点是,社会主义核心价值观应具有为全国各族人民所接受的全局性、整体性特征,反映全体中国人民的共同心声,而不是仅仅反映部分地区、部分阶层、部分领域、部分行业的价值诉求。

三、社会主义核心价值观内涵提炼过程概览

关于社会主义核心价值观的内涵研究是学术界的另一关注点。就我们搜集的资料来看,学者们对社会主义核心价值观的表述有 60 多种,涉及 90 多个具体的范畴。具体体现在以下前三个层面,直至党的十八大获得确认。

(一)以一个或多个要素并列表述社会主义核心价值观

在早期提炼社会主义核心价值观的过程中,有学者以 1 个范畴概括社会主义核心价值观的,如"公平正义"、"共同富裕"等;有以 2~3 个范畴概括的,如"以人为本、民主公正"、"以人为本、实事求是、独立自主"等观点;以 4 个及 4 个以上的范畴概括的则多达近 50 种,如"友爱、平等、互助、共富"、"为公、诚信、人本、民主、公平、正义、仁爱、和谐"等,因篇幅所限,不一一赘述。

(二)以多个要素对社会主义核心价值观进行定位表述

所谓有一定目的的表述,主要体现在学者们对社会主义核心价值观的定位存在一定的分歧和讨论。有的学者认为,核心价值观应是社会首要和基本的诉求,以李抒望、高希国、陈延斌等人为代表;有的学者认为社会主义核心价值观应是我国现阶段社会主义发展的具体的核心价值观念,以兰久富、孙武安等为代表;还有的学者则将社会主义核心价值观解读为社会主义的最高价值和最终追求,以王占阳、钟哲明为代表。此外,部分学者认为社会主义核心价值观的要素之间应有一定的逻辑关系。王虎学就将核心价值观的内容与社会主义的经济、政治、文化、社会建设的目标进行对应总结,包心鉴则认为核心价值观的内容应与核心价值体系有相互呼应的关系。

(三)从一定角度对社会主义核心价值观进行表述

主要有:(1)强调社会主义核心价值观中的个体修养,其中包括建设中国特色社会主义、共产主义的共同理想,对以人为本的价值认可,为人民服务的人生观,关注民生民主的利益观,集体主义的道德观等。(2)强调我党的立党之本,即要坚持"三个代表"指导思想。(3)强调中华民族优秀传统文化的继承与发展,包括孝、悌、礼、义、廉、耻、仁、爱、和、平等。(4)强调社

主义在国际国内经济、政治、文化、社会等领域的全方位展开,其表述为人民民主、共同富裕、中华复兴、世界大同等。

2011年1~2月,《光明日报》的"核心价值"专栏连续刊登社会主义核心价值观凝练问题的大讨论,其中包心鉴、杨永志、王虎学等学者的文章围绕社会主义核心价值观的凝练这一主题进行试探性交锋,引发了学术界的高度关注,韩震、李汉秋、陶东风、万资姿、虞崇胜等学者也纷纷撰文关注社会主义核心价值观的凝练方法问题,有力地推动了学术界对社会主义核心价值观研究的发展,为凝练核心价值观提供了许多有益的思路。

(四)形成三个层面、三个"倡导"

党的十八大在协商通过的基础上达成了三个"倡导"的共识,这便是"富强、民主、文明、和谐"、"自由、平等、公正、法治"、"爱国、敬业、诚信、友善",以此初步完成了社会主义核心价值观的提炼研究。

四、关于社会主义核心价值观功能作用的研究

目前学术界就社会主义核心价值观的功能作用的探讨可分为宏观和微观两个层面。宏观方面,有学者指出,在变化着的当今世界历史背景下,面对我国改革开放和社会主义市场经济的不断深化,面对经济全球化所带来的价值观冲突,面对当代世界的现代性困境和价值危机,提炼社会主义核心价值观,构建当代社会主义核心价值体系,成为当代社会主义实践所提出的迫切课题。学者们共同认为,作为"社会主义意识形态的本质体现"和"社会主义中国的精神旗帜",社会主义核心价值观是"引领社会思潮的强大思想武器"和"当代中国人民的主心骨"。学者们还就社会主义核心价值观与资本主义核心价值观的关系、社会主义核心价值观引领社会思潮的机制系统等问题,提出了许多有益的思考。微观方面,社会主义核心价值观在多学科已经全面展开,在哲学、社会道德领域已有较为深入的研究。而随着2011年党的十七届六中全会的召开,学术界更为关注社会主义核心价值观在文化领域的作用。从文化软实力建设到引领文化自觉,从对传统文化的继承发

扬到与大众文化的契合,从对文化意义进行诠释到对大众伦理生活进行透视,学者们都提出了许多具有开创性的观点,丰富了社会主义核心价值观的功能作用的发挥。党的十七届六中全会指出:"社会主义核心价值体系是兴国之魂,是社会主义先进文化的精髓,决定着中国特色社会主义发展方向。"特别是《国家"十二五"时期文化改革发展规划纲要》的颁布,将"加强社会主义核心价值体系建设"作为党和国家的重要任务提出,社会主义核心价值观的研究将更加深入,成果将更加丰硕。

第二节 坚持人民主体是社会主义核心价值观之本

自党中央提出"社会主义核心价值体系"这一命题以来,关于社会主义核心价值观研究方面的论文和著作也越来越多,在大众媒体上的宣传也不少,然而,占领宣传阵地并不等于赢得民众认同。笔者在社会调查中深切感到,广大民众对社会主义核心价值观真正理解的并不多,就是社会科学界的一些学者对这一核心价值体系的研究也不够。由此可见,社会主义核心价值观的边缘化危机确实是存在的。从哲学上来分析,笔者认为这一边缘化危机包括两个方面的问题:从认识论上来说,是实事求是的问题;从本体上来说,是核心价值观的人民主体性问题。本节着重从人民主体性方面,来探讨如何克服社会主义核心价值观的边缘化危机问题。

一、主流价值观的危机与人民主体性的缺失

主流价值观就是在社会多元价值观中起主导和引领作用的价值观,因此,这种价值观必须具备两个品格:一是体现人文精神的时代特征,二是赢得大多数人的认同。两者内在地联系在一起,一旦丧失了其中一个或者两个品格,即便它有国家机器的倡导,也已经丧失了现实性,必然要被边缘化,即在多元价值观中不能起主导和引领作用。尽管主流价值观的边缘化有种

种外在因素,但按照"内因是根据"的辩证法基本原理,边缘化总是有自己本身的原因的,这就是人民主体性的缺失。而人民主体性的缺失又与对人民主体性的理解的三个误区有关,具体分析如下:

第一,"人民"不仅是集合概念,而且是辩证概念。

在形式逻辑中,"人民"是集合概念,集合概念是以事物的群体为反映对象的概念。但是在历史唯物主义的视域中,对于"人民"这一概念不能仅仅用形式逻辑来规定,还必须从密切结合思维内容来研究思维形式的辩证逻辑来理解。人民总是与人联系在一起的,而每一个人都是活生生的和独一无二的"在者"。马克思总是用单个人的复数来理解作为社会主体的现实的人,他在《德意志意识形态》中论述"现实的前提"时,德义原版的"die wirklichen individuen",其中"en"表示复数,中文版准确地译为"这是一些现实的个人"。①

"以人为本"中的"人"必须与现实的一个个具体的个人联系起来理解,"为人民服务"中的"人民"也必须与现实的一个个具体的个人联系起来理解,作为社会主义核心价值观的主体的人民,同样必须与现实的一个个具体的个人联系起来理解。在"文革"时期,只是从形式逻辑的角度来理解"人民",而不是主要从历史唯物主义视阈中的辩证逻辑的角度来理解"人民"。这种理解成为"整体主义"的理论根据,并由此导致了某种专制主义。

第二,不能把作为主体的人民与其利益分割开。

主体意识和利益意识是价值观念结构中的两个核心,主体意识和利益意识是内在地联系在一起的。康德提出了"人是目的"的命题。他说:"你须要这样行为,做到无论是你自己或别的什么人,你始终把人当目的,总不把他只当做工具。"②这是一条最高原则和绝对命令,因为人具有绝对的价值。康德是深刻的。黑格尔把利益与人的目的相联系:在市民社会中,"他们都把本身利益作为自己的目的",这是"市民社会的一个原则"。③ 这是对康德

---

① 马克思恩格斯全集:第 3 卷[M].中央编译局,译.北京:人民出版社,1963:23.
② 康德.道德形上学探本[M].唐钺重,译.北京:商务印书馆,1957:43.
③ 黑格尔.法哲学原理[M].范扬,张企泰,译.北京:商务印书馆,1980:201.

思想的发展。马克思直截了当地把人的活动与利益联系起来,指出"人们奋斗所争取的一切,都同他们的利益有关"①,从而把历史与人对利益目的的追求联系起来,"历史不过是追求着自己目的的人的活动而已"。② 从康德到黑格尔再到马克思,他们的思想体现着历史主体从抽象到具体的逻辑进程。把利益作为创造历史活动中主体所追求的目的,是历史唯物主义原理的基础。

"人民要怎么样"与"要人民怎么样"的内涵是不一样的。社会主义既然把人民作为"为我而存在"的价值主体,那么其价值观就应始终围绕着"人民要怎么样"来建构,这就是要体现人民主体的价值追求和价值取向,其中尤其要体现人民主体对利益的追求。提高社会主义核心价值观的人民主体性或人民主体的利益意识,是克服其"边缘化危机"的根本途径。

为此,要特别研究社会转型中的几对主要的利益矛盾。个体利益与集体利益之间的关系在本质上是"有生命的个人的存在",是"人类历史的第一个前提"与"社会是个体存在的普遍形式"之间的关系。这对矛盾是其他很多矛盾如城乡之间、地区之间、国企民企之间利益矛盾的根源。个体利益凸显是主体意识和利益意识变化的必然,是社会转型中社会价值观念变化的重要特征。社会主义核心价值观必须要体现把构成人民的"多数单个人利益的特殊性上升为国家利益的普遍性"③,即必须协调个体利益与集体利益之间关系的辩证性。

社会主义核心价值观的内容不能把关于解决利益矛盾的具体方案都包括在内,但其人民主体性的确立必须为这些矛盾的解决提供理论基础,否则这一价值观就不能体现人文精神的时代特征,不能赢得大多数人的认同,其边缘化也就势在必然。

第三,不能把人民主体与主体的核心混淆起来。

---

① 马克思恩格斯全集:第1卷[M].中央编译局,译.北京:人民出版社,1956:82.
② 马克思恩格斯全集:第2卷[M].中央编译局,译.北京:人民出版社,1963:118-119.
③ 黑格尔.法哲学原理[M].范扬,张企泰,译.北京:商务印书馆,1980:26.

毛泽东在新中国成立初期就明确指出："领导我们事业的核心力量是中国共产党,指导我们思想的理论基础是马克思列宁主义。"①中国共产党是建设中国特色社会主义事业的核心,是从事中国特色社会主义建设的中国人民的核心,从而是社会主义核心价值观之人民主体的核心。新中国的成立及其后来的社会主义建设事业离不开中国共产党。然而,主体与主体的核心是两个不同的概念。把两者混淆了,就意味着把中国人民与其先锋队混淆了,也就意味着把社会主义社会的核心价值观念与党的核心价值观念混淆了。"党不能把自己的主张原封不动地加给全体人民,也不能把对自己的要求与对广大群众的要求混为一谈"。②

可以把党的各级组织以及在其中起领导作用的各级政府机构统称为权威机构,党作为人民主体的核心作用往往要通过权威机构的作用体现出来。共产党的宗旨决定了权威机构应该代表人民主体的利益,但能否在实际上真正代表人民主体的利益取决于两个方面:从认识论上分析,取决于权威机构能否正确认识所属人民主体的利益。由于认识过程的复杂性,认识上发生错误的情况在历史上时有发生。从本体论上分析,取决于权威机构能否在权力运行中体现人民主体的利益,这个问题后面再详细分析。当然,主体离不开主体的核心。中国共产党对社会主义核心价值观的自觉集中体现了社会转型时期社会主体的自觉;没有中国共产党就没有社会主义核心价值体系,也无从谈起核心价值观中的人民主体性。认识核心价值观中的人民主体性时,必须把人民主体与作为其核心的共产党之间的关系弄清楚。把人民主体的核心等同于人民主体,从而用共产党来替代人民作为社会主义核心价值观的主体,这是核心价值观在主体问题上的严重错位,由此必然导致它的边缘化。

---

① 毛泽东文集:第6卷[M].北京:人民出版社,1999:350.
② 李德顺.关于社会主义核心价值观的几个问题[J].上海党史与党建,2007(7).

二、权力运行的基本矛盾与核心价值观的人民主体性

"以权谋私"是当代中国腐败的主要特征之一,它极大地侵害了人民利益,是社会主义核心价值观边缘化的重要根源。由此,人民反腐败就成为社会主义核心价值观中凸显人民主体性的重要机制。

我们不能仅仅从道德方面来谴责官员腐败,而应该从权力运行的基本矛盾方面来揭示官员腐败的根源。权威机构由处于具体职位的官员组成。官员按照一定的权力运行规则,行使权威机构中具体职位的功能,是具体职位的人格化。作为官员的具体人是抽象的,他的一切行为从理论上说都是为了所属群体之主体的利益。然而,人总是具体的,总具有具体的利益,扮演着社会生活中的种种角色。这对于处于群体成员位置上的一般个体而言是如此,对于处于权威机构具体职位上的官员而言也是如此。因而,作为官员的抽象人又是具体的。

依据亚当·斯密的"经济人假设",可以认为在实行"按劳分配"的社会主义初级阶段,官员的工作作为劳动在本质上是一种"谋生"的经济活动;他在追求利益的过程中,"在各种主客观条件允许的范围内,能够对各种选择的结果作出不自相矛盾的衡量、判断和比较,并在此基础上,通过各种可能的方式,追求各自特殊利益目标的最大化",这就是"理性行为最大化假设"。[①] 这里的"理性行为"不包含任何有关善和恶的价值判断;"最大化"是指在一定约束条件下的"最大化";约束条件既包括社会、政治、经济关系的约束,也包括人们所面对的各种信息条件的约束,由此决定了"最大化"总是有限的。官员作为具体职位的人格化,要求他应该"毫不利己"地体现所属群体之主体的利益;而作为具体的人,又总是要按照"理性行为最大化假设"来行动,以自己效用满足的最大化为行为目标。这就是由身份的两重性所导致的行为的两重性。

---

① 樊钢.公有制宏观经济理论大纲[M].上海:上海三联书店,1990:46-47.

党要求权威机构制定权力运行规则以践履为人民服务的宗旨。"理性行为最大化假设"在官员行使权力的劳动过程中通过两种方式予以体现:其一,官员遵循权力运行规则,作出业绩,从而获得劳动"收入";甚至创造性地遵循权力运行规则,作出更好的业绩,从而获得更多的劳动"收入"。其二,官员违背权力运行规则,从而获得体制外的所谓劳动"收入"。可以把前者称为"公",这里的"公"不能狭义地理解为排除个人利益而行使权力,而应广义地理解为在行使权力中有益于社会并因此获得正当的个人利益。可以把后者称为"私",这里的"私"不能广义地理解为为个人利益而行使权力,而应狭义地理解为在行使权力中损害社会的利益。

权力运行中"公"与"私"的基本矛盾,有可能使由众多官员构成的权威机构发生与所属社会主体利益相符或相悖的行为。于是,在权威机构中,作为官员的个人权力运行中"公"与"私"的矛盾,就转化为权威机构在权力运行中"公"与"私"的矛盾。

权威机构中的官员在行使权力的过程中"公"与"私"的矛盾,与权威机构在行使权力的过程中"公"与"私"的矛盾是相互作用的。在这两对矛盾中,前者更为基础,后者是由前者推演出来的;而后者又为前者营造某种氛围,促进或抑制前者的发展,两者交织和渗透在一起。

"公"和"私"的矛盾由此就构成了党在执政过程中权力运行的基本矛盾。尽管党的宗旨是为人民服务,党组织的先进性决定了其成员的先进性,然而大量事实说明,党在执政过程中权力运行的上述矛盾是确实存在着的。这也是"应然"与"实然"之间的关系。

根据马克思提出的社会发展的"三阶段说"①,我国目前正处在由自然经济社会形态向商品经济社会形态的转型中,从而使当前中国社会具有两种社会形态的特征:具有人对人的依赖关系的自然经济社会形态容易形成权力拜物教,而具有人对物的依赖关系的商品经济社会形态则容易形成货币拜物教。这样,在当前中国社会形态中就既有权力拜物教,又有货币拜物教。

---

① 马克思恩格斯全集:第 46 卷[M].中央编译局,译.北京:人民出版社,1963:104.

第四章 构建社会主义核心价值观的伦理基础

亨廷顿把腐败理解为"政治行为和经济财富之间的交易",包括"经济财富向政治行为转化"和"政治行为向经济财富转化"。[①] 在中国,腐败主要是指后一种情况,即"以权谋私"。处于转型时期的我国社会形态中,权力拜物教和货币拜物教交织在一起,并且相互作用,从而使腐败弥漫,这是当前很多丑恶社会现象的重要根源。

权力运行的基本矛盾与人民的利益,从而与人民作为社会主体的作用发挥联系在一起,由此权力运行中的这一基本矛盾就成为社会基本矛盾运动的深刻体现。而体现着权力运行过程中基本矛盾的腐败必然激化社会基本矛盾运动,它极大地损害了人民的利益,抑制了人民作为社会主体的作用,从而通过社会意识形态的中介,以核心价值观之边缘化危机的形式体现出来。

不能把反腐败仅仅理解为是执政党的任务,更不能把反腐败仅仅理解为是某一个专门机构的任务。反腐败是人民维护自身利益的重要机制,是人民在社会基本矛盾运动中体现创造历史能动性的重要标志。所以,我们要研究如何把核心价值观中人民主体意识的凸显,与在执政党权力运行基本矛盾中体现人民的意志结合起来,与执政党权力运行基本矛盾中权力运行规则的制定结合起来,与对执政党权力运行基本矛盾中的行为的监督结合起来。

在反腐败中应当凸显人民主体性,使人民主体性成为执政理念中的自觉,真正使各级官员在权力行使中"一切从中国人民的利益出发",做到"权为民所用,情为民所系,利为民所谋"。社会主义核心价值观的内容不能把人民反腐败的具体机制包括在内,但必须把反腐败作为凸显人民主体性的重要内容,为人民反腐败提供理论基础。

---

① 亨廷顿.变化社会中的政治秩序[M].王冠华,译.北京:三联书店,1989:61.

三、民众意愿的表达与核心价值观的人民主体性

社会主义核心价值观应当引领多样化的社会思潮。如何理解社会思潮的民众评价论本质,如何理解社会自我意识中"有机"方式与"无机"方式之间的相互作用,关系到人民表达意愿的问题,从而与社会主义核心价值观的人民主体性联系在一起。

第一,社会思潮是民众表达意愿的重要途径。

处于风云变幻的历史时期,社会上一些带有普遍性的社会事件或基本问题总会牵动着不同阶级、阶层或群体的利益,于是就会对之形成不同的观点和态度,从而"相与呼应汹涌,如潮然",这就是社会思潮。社会思潮是"数量广大的民众评价活动"。

社会思潮可分为以理论形态表现出来的潮头和以心理形态表现出来的潮流。前者以思想家为主体:每个时代都有那么一些思想家,他们凭着敏锐的洞察力,总能比普通人更早地觉察到社会中一些带有普遍性的事件和基本问题,从而对其进行分析,提出理论和观点,把群众中尚处于朦胧状态的要求和想法以理性的形态表达出来,因而"他们是世界精神的代理人"。[①] 正是他们在思想领域里不断地鼓涌,在社会意识中掀起了一阵阵的潮头。后者以数量广大的群众为主体:广大群众以自己在社会生活中的切身感受,与作为潮头的理论体系形成共鸣,提供支持,从而构成了社会思潮的强大潮流。

从总体上说,我国的社会思潮的潮头不显著,各种社会思潮之间的界限亦不明显,然而潮流涌动,与民众的当下利益直接联系在一起。互联网使社会思潮活动于其中的公共领域发生了巨大变化,使网络社会思潮能敏锐地感受由社会基本矛盾引发的种种现实事件,能在极短的时间内聚集起很大的能量,能真切地表达以网民为纽结的广大民众的意志。在当前,尤其要重

---

① 黑格尔.历史哲学[M].王造时,译.上海:上海书店出版社,1999:32.

视网络社会思潮中人民主体性的体现。

人民群众最能直接感受到体现在"生产物质生活本身"中的社会基本矛盾运动,是社会基本矛盾运动体现的感性载体,因此不能不加分析地把社会思潮简单地理解为社会的否定因素。当然,尽管社会思潮的潮头体现了理论因素,但民众的评价活动总体上必然是社会的自发现象。

第二,核心价值观正确引领社会思潮是社会自我意识自觉的基本环节。

研究社会主义核心价值观如何引领社会思潮,在当前既是实践问题,更是理论问题。只有在理论上搞清楚,才能在实践上予以指导,这正是理论研究的意义。

社会自我意识通过社会民众的认识活动"无机"地体现出来,也通过国家权威机构的认识活动"有机"地体现出来。认识包括认知和评价。与自我认知相比较,自我评价凸显主体"我"的意识,赋予客体"我"的所作所为以意义,这对个体来说是如此,对社会来说也是如此。因此,社会的自我评价相对于社会自我意识来说,其意义更大。社会自我评价包括以社会为客体的社会民众评价活动和以社会为客体的国家权威评价活动,其成果分别体现为社会心理和社会意识形态。为了提高社会自我意识的自觉性,不仅要重视社会自我评价活动,尤其要重视社会自我评价活动的"有机形式",即要重视国家权威评价活动的作用,要重视作为"有机"形式的国家权威评价活动对于作为"无机"形式的社会民众评价活动的引导。

前文所说的核心价值的两个品格即"体现人文精神的时代特征"和"赢得社会中大多数人的认同",与社会自我评价活动内在地联系在一起。国家权威机构由于其在社会中所处的位置,一般总能在一定程度上理性地感受到人文精神的时代特征和社会基本矛盾运动中所体现出来的大多数人的利益,从而以自觉的方式对社会中的多元价值观施以影响,把核心价值观体现在意识形态的建构中。广大民众在自己的生活过程中,总是以较为切身的方式感受着人文精神的时代特征,而社会基本矛盾运动所体现出来的社会主体利益总是最直接地体现在大多数人的利益上。社会民众评价活动通过社会思潮等对国家权威评价活动发生影响,并由此作用于体现在意识形态建构中的核心价值观。尽管核心价值观的形成离不开社会民众评价活动,

是社会自我意识的"有机"形式和"无机"形式相互作用的产物,但形成了的核心价值观总在一定程度上体现着社会自我意识的自觉。

核心价值观引领社会思潮是我党作为执政党在社会转型时期意识形态自觉的重要标志,是社会主义时期社会自我意识自觉发展的基本环节。社会思潮激荡并在总体上体现出来的自发性,使得用社会主义核心价值观引领社会思潮既有必要又有可能。不能把用社会主义核心价值观引领社会思潮看成是单向作用的过程,而必须将其理解为双向作用的过程。在社会转型中曾发生过好几次对整个社会产生重大影响的社会思潮,正是这些社会思潮中所体现出来的主体意识和利益意识的变化,给国家权威评价活动以重大影响,从而使社会主义核心价值观能在不断地表征人文精神的时代特征中赢得广大民众的认同,从而体现出人民主体性。

在对社会思潮的引领中需要尊重差异、包容多样,这不仅意味着"宽松",也是人民主体性的体现。很多社会思潮是绚丽多姿的思想"百花"。只有尊重差异、包容多样,吸收多样化社会思潮中有利于解决社会矛盾、有利于社会发展的文化养分,才能最大限度地形成思想共识。当然,在引领社会思潮的过程中必须旗帜鲜明地反对错误思潮,但要根据法律程序谨慎行事。

只有从社会自我意识的"有机"形式和"无机"形式的相互作用过程来理解对社会思潮的引领,才能使核心价值观的内容在引领中不断地丰富和发展,在社会转型的变化中不断凸显人民主体性。

四、在制度改革中把"人的世界还给人自己"

制度是人类设计出来形塑人们互动行为的一系列约束,是正式、非正式规程和准则的集合体,是人类文化的重要内容。人类生活在社会中、生活在文化中,也就是生活在制度中。新制度主义对制度在现代社会中的作用作了较为深刻的研究。制度发生作用的机制与"理性行为最大化假设"内在地联系在一起。制度通过影响人们对各种行动方案的成本和收益的计算而最终影响个人的选择。制度告诉人们何者可为、何者不可为,它为个人的行为提供了激励机制、机会结构和约束机制,个人选择就是在制度这只既有形又无形的"手"的指引下完成的。

在当前社会转型时期,制度的两种情况同时存在:一方面,与自然经济社会形态相适应的制度不可能立即废除;另一方面,与商品经济社会形态相适应的制度也不可能立即健全。制度的破旧立新过程同时也是旧制度与新制度的错位过程。前面在研究核心价值观之人民主体性时所分析的问题,也可以从制度错位和制度改革的角度予以思考。

从人民主体的利益方面来分析,社会转型必然引起利益格局的变化,制度错位就使得利益格局变化中应该得到保障的社会成员的利益不能得到相应保障,应该得到补偿的社会成员的利益不能得到相应补偿。主体与主体核心之间的关系在本质上是人民当家做主的问题。人民当家做主的制度建设不仅必须通过基本的政治制度、经济制度和文化制度等体现出来,而且必须具体地体现在法规、章程等方面。例如,与社会转型中由"单位人"向"社会人"的转化相适应,就需要由围绕着"单位人"所设计的体现人民主体性的具体制度向围绕着"社会人"所设计的具体制度实行转换。

从权力运行中"公"与"私"的矛盾运动来分析,由于制度错位,权力拜物教和货币拜物教相互交织的情况得不到相应制度的遏止。一旦制度上出现"不贪"、"不能贪"和"不敢贪"的缺位,腐败必然弥漫。从制度层面思考"不想贪",就是在社会转型中,要进行从适应计划经济体制的干部选拔制向适应市场经济的官员选拔制的转轨。同样,在制订使官员"不能贪"的职权行使程序和监督制度方面,也要求建立与社会转型相适应的严格并且合理的职权行使程序机制、国家行政权力恰当配置的内部制约和约束制衡机制、独立公正的司法和监督制度。还有,要研究制订使官员"不敢贪"的与社会转型相适应的严密的刑事、民事、行政惩罚机制。

社会主义核心价值观之人民主体性的内涵中不可能包括凸显人民主体性的具体的制度改革内容,但必须为社会主义基本制度的改革指明方向。党的十五大提出我国正处于并长期处于社会主义初级阶段。初级阶段的基本特点"就是不发达的阶段"①,这既意味着与发达商品经济社会形态相比较的不发达,也意味着与共产主义相比较的不发达;既意味着经济的不发达,也意味着政治和文化的不发达。如果说我国革命与建设过程中产生的一些困惑与我党对于什么是社会主义的"认识不是完全清醒"联系在一起,那么前面所分析的导致社会主义核心价值观之人民主体性缺失的种种因素,则与对这种"不发达"的"认识不是完全清醒"联系在一起。

社会主体创造历史的能动性就在于通过认识这种"不发达",实现由"不发达向发达的过渡"。②这是因为跨越"卡夫丁峡谷"的社会主义可以"吸取资本主义制度所取得的一切肯定成果"③,由此可能避免"遭受资本主义制度所带来的一切极端不幸的灾难"。④这就需要把社会主义改革进行下去。社会主义制度是社会主义的本质,因此社会主义改革就是社会主义制度的改革。

马克思把社会革命与社会基本矛盾运动联系起来:当"这些关系"由生产力的发展形式变成生产力的桎梏时,"社会革命的时代就到来了"。⑤邓小平把改革称为"实质上是一场革命"。⑥据此,我们同样应该把社会主义改革与社会基本矛盾运动联系起来。社会基本矛盾运动是生产力与生产关系、经济基础和上层建筑之间矛盾运动的辩证统一。后者的展开以前者为基础,而前者的解决又依赖于后者。因此,我们不能把社会主义改革仅仅理解为经济体制的改革。早在1986年,邓小平就指出"我们提出改革时,就包括政治体制改革"。⑦这不仅是因为"不搞政治体制改革,经济体制改革难于贯彻"⑧,而且更是因为改革本身就是"现代的社会政治现实本身受到批判"⑨,

---

① 邓小平文选:第3卷[M].北京:人民出版社,1993:252.
② 江泽民.高举邓小平理论伟大旗帜,把建设有中国特色社会主义事业全面推向21世纪[M].北京:人民出版社,1997:10.
③ 马克思恩格斯全集:第19卷[M].中央编译局,译.北京:人民出版社,1963:451.
④ 马克思恩格斯全集:第19卷[M].中央编译局,译.北京:人民出版社,1963:129.
⑤ 马克思恩格斯选集:第2卷[M].中央编译局,译.北京:人民出版社,1995:82-83.
⑥ 邓小平文选:第3卷[M].北京:人民出版社,1993:174.
⑦ 邓小平文选:第3卷[M].北京:人民出版社,1993:175.
⑧ 邓小平文选:第3卷[M].北京:人民出版社,1993:177.
⑨ 马克思恩格斯选集:第1卷[M].中央编译局,译.北京:人民出版社,1995:6.

否则不能从根本上体现其革命性。

为了体现改革是"中国的第二次革命"①,我们必须把经济体制和政治体制的改革"提高到真正的人的问题","不然的话,批判就会认为自己的对象所处的水平低于这个对象的实际水平"。② 这就是说,为了凸显社会主义核心价值观之人民主体性的基本制度,就要把"人的世界和人的关系还给人自己"③,将其作为社会主义改革的方向。在社会改革中确立了这一目标,就能在社会转型的具体制度构建中始终坚持人民当家做主的国体和政体,就能在应对两个拜物教的过程中构建人民反腐败的具体制度,就能在引领社会思潮的具体制度的构建中确保人民主体的地位。只有以人的自由发展作为社会主义改革的最终目标,才能构建在本质上凸显人民主体性的基本制度。惟其如此,才能从根本上克服社会主义核心价值观的边缘化危机。

---

① 邓小平文选:第 3 卷[M].北京:人民出版社,1993:113.
② 马克思恩格斯选集:第 1 卷[M].中央编译局,译.北京:人民出版社,1995:6.
③ 马克思恩格斯全集:第 1 卷[M].中央编译局,译.北京:人民出版社,1956:443.

第五章 党员领导干部应成为培育和践行社会主义核心价值观的先锋

第一节 党员领导干部在社会主义核心价值观建设中的作用

一、党员领导干部自觉培育与践行的特殊意义

价值观是关于社会关系是非曲直的判断,是指一个人对周围的客观事物的意义、重要性的总看法。党员领导干部的价值观是党员领导干部对客观事物、自身利益、行为取向的总看法。新时期党员领导干部的核心价值观仍然是全心全意为人民服务,但在市场经济条件下,这种"服务"的价值观发生了扭曲,或者说"服务"的价值观变得越来越淡化了。因此,新时期加强党员领导干部的核心价值观建设已经迫在眉睫,它还将直接规约和影响着大众的价值实践。

党员领导干部核心价值观是党务文化的重要组成部分,是党员领导干部党性修养、道德品行的精神支撑。核心价值观是党务部门宗旨观念、价值准则和管理信条的集中体现,对党员领导干部的思维方式和行为方式起着根本性的指导作用,直接关系到党务工作和发展的成效。党员领导干部核心价值观主要体现在坚强的党性、端正的品行和务实的作风三个方面,其中,党性是根本,品行是基础,作风是表现。促进党员领导干部全面发展,是党务工作以人为本的一个重要体现。在社会价值取向多元化的新形势下,党员领导干部尤其需要有正确的价值观来引领自己的人生追求。大力培育

党员领导干部核心价值观,是建设社会主义核心价值观的一项重要工程,广大党员领导干部要全面理解核心价值观内容,真正树立正确的价值追求,掌握正确的评判标准。党员领导干部的使命决定了党员领导干部必须以党的政治理念作为自己的政治信仰,以党倡导的社会主义核心价值观来引领自己的价值取向,支撑自己的理想信念,积极贯彻落实党的路线、方针、政策,圆满完成党委交给的各项任务。促进党员领导干部全面发展、大力培育党员领导干部核心价值观,有利于为广大党员领导干部的成长成才、提高素质提供正确的价值导向,为党员领导干部的健康成长创造良好的思想道德环境,对培养造就更多高素质的党员领导干部具有重要作用。

二、党员领导干部示范性的导向意义

党员核心价值观是具体的、历史的。党的各级领导干部,是我们党这个大家庭中一个非常重要的群体。保持共产党员核心价值观,首先要解决各级党员领导干部如何履行示范性的问题。根据时代发展要求,党员领导干部要努力做好五个表率。

第一,要做善谋全局、政治坚定的示范。政治坚定是合格的领导干部的必备条件,善谋全局是成熟的领导干部的重要标志。"不谋全局者不足以谋一域"。党员领导干部要善于从全局的高度认识问题,牢固树立国家利益、全局利益、长远利益第一的思想,自觉地把本地、本部门的工作放到党和国家工作的大局中去思考、去研究、去把握,认清自己的位置,明确自己的责任,处理好各方面的关系,自觉地服从和服务于大局。当前,世界形势正在发生着深刻的变化,党员领导干部必须善于从政治上观察、分析和处理问题,做一名政治上清醒、思想上坚定、行动上自觉的领导者。要紧密联系思想实际,努力改造主观世界,牢固树立正确的世界观、人生观和价值观,自觉地把个人的理想融入全社会的共同理想之中,把个人的努力融入改革开放和现代化建设的伟大实践之中。

第二,要做发扬民主、维护团结的示范。"人心齐,泰山移"。一个干一番事业的集体,最重要的就是团结。能不能搞好团结,是衡量和检验领导班子和领导干部素质高低,创造力、凝聚力、战斗力强弱的重要标志。发扬民主、维护团结,根本途径就是贯彻民主集中制原则,完善议事和决策机制,健全决策程序,真正做到发扬民主,集思广益,科学决策。在一个班子中,大家在一起合作共事,既是事业的需要,也是难得的缘分。个人的经历、性格、志趣、爱好会有差异,工作中也会有不同的看法,但只要以党的利益为重,按党的规矩办事,就能够求同存异,合心合力。同志间相处,胸襟要开阔,有容人容事的雅量和气度,既要讲党性、讲原则,也要讲感情、讲友谊,互相尊重,互相信任,互相支持,互相谅解,把精力集中到抓好工作上来。

第三,要做求真务实、艰苦奋斗的示范。求真务实,艰苦奋斗,是党的优良传统,也是共产党人应该具有的政治品格。大力弘扬求真务实的作风,就是要真正把"八个坚持、八个反对"的要求落实到行动中,体现在实效上。工作中,要多一些科学性,少一些随意性;多一点辩证法,少一点片面性;多办实事好事,少讲大话空话,以良好的作风、扎实的政绩取信于民。在今天,坚持艰苦奋斗的作风,就是要大力倡导对理想信念的执著追求,对党和人民事业的无私奉献,对困难迎难而上、百折不挠,对工作奋发图强、开拓进取。弘扬艰苦奋斗精神,要加强党性修养,真正做到不为名所困,不为物所累,不为利所惑,始终保持共产党人的蓬勃朝气、昂扬锐气、浩然正气。

第四,要做勤学善思、与时俱进的示范。作为领导干部,要把不断更新观念,不断加强学习,作为一种责任,一种能力,一种修养,一种境界。学习贵在自觉,贵在坚持。要自觉从应酬中解脱出来,克服形式主义,增加知识的总量,提高知识的质量,加速知识的流量,解决知识贫乏、本领恐慌的问题,真正使自己成为"操作手"、实干家。同时,要努力学习一切反映当今世界文明进步的新知识,使自己的思想和知识水平适应时代的需要。要坚持学以致用,善于运用新的知识、新的思想、新的观念、新的思维方式和行为方式,在改造个人主观世界上见成效,在解决实际问题上见成效,努力使自己成为勤奋学习、善于思考的模范,成为解放思想、与时俱进的模范,成为勇于实践、勇于创新的模范。

第五,要做清正廉洁、干净干事的示范。"吏不畏吾严而畏吾廉,民不服吾能而服吾公"(西安碑林所存的一则明代官箴),这是警世之言,也是为政之要。党员领导干部要经常扪心自问:"我为什么入党,入党为什么?我是谁,为了谁?手中的权力是从哪里来的,是用来干什么的?"把这些最基本的问题搞清楚了,就可以正确对待手中的权力,正确认识肩负的责任;就可以打牢立党为公、执政为民的思想基础,常思贪欲之害,常弃非分之想,常怀律己之心,常修从政之德,真正筑起自己的思想道德防线。

三、党员领导干部服务性的表率意义

党员领导干部要做服务群众的表率,就是要常怀爱民之心。古人云:"得民心者得天下,失民心者失天下。"常怀爱民之心,不是一句空话,更不是一句假话,而是要以实际行动来实践。这要求党员领导干部心里时刻装着群众,把群众的安危冷暖挂在心上;就是要多深入基层,多走村入户,真正了解群众在想什么、盼什么、忧什么。在与群众接触中倾注"实情"、融入"真情"、充满"感情"、主动"热情",从而实实在在地体察民情,并将爱民之心付诸行动,真正做到想群众之所虑、急群众之所难、谋群众之所求。

党员领导干部要做服务群众的表率,就是要常守为民之责。我们党来自人民,根植于人民,宗旨是全心全意为人民服务。实践证明:一个实际行动胜过一打纲领。为人民群众服务不是抽象、空洞的道理,要通过我们共产党人为广大人民群众谋利益的全部具体实践体现出来。人民群众并不仅看你说些什么,更重要的是看你为他们做些什么。那种摆花架子专给上级领导看的"形象工程",那种只求短期效果、不计长远利益的"任期工程",那种兴师动众、劳民伤财的"扰民工程"都是人民群众不愿看到的,也是必须禁止的。只有我们广大党员领导干部始终把工作的着力点真正放到研究解决改革发展稳定的重大问题上,放到研究解决人民群众生产生活中的实际问题上,放到研究解决党的执政能力建设问题上,才能真正做到权为民所用,情为民所系,利为民所谋,始终与广大人民群众同呼吸、共命运。

党员领导干部要做服务群众的表率,就是要常谋富民之策。为官一任,造福一方。党员领导干部手中的权力是人民赋予的,必须用来为人民谋利益。党员领导干部的职位越高、权力越大,责任就越重。历史和现实都告诉我们,权力可以使人高尚,也可以使人堕落;能成就一个人,也能毁掉一个人。因此,我们的党员领导干部要正确用好手中的权力,要树立正确的政绩观,要多从本地实际出发,常谋富民之策。既不能只顾眼前利益,损害群众的长远利益,也不能借口抓长远发展而忽视解决群众眼前的困难。要胸怀全党全国工作大局,立足本地区、本部门工作实际,自觉为党和国家分忧。要在加快经济发展的同时,更加注重科技、教育、文化、卫生等社会事业的发展,更加注重合理开发利用资源,保护生态环境,更加注重提高城乡居民的综合素质,在促进人的全面发展的基础上实现我国的可持续发展。

党员领导干部要做服务群众的表率,就是要常办利民之事。常办利民之事是由党的宗旨所决定的,也是巩固党的执政地位的关键。常办利民之事,就是要从群众最关注、最盼望、最不满意、最急需办的事抓起。小到每家每户的柴米油盐、水电气暖、生病就医、读书就业、衣食住行等方面上,大到改革开放、现代化建设和新农村建设上。就是要求我们每位党员领导干部始终要把群众情绪作为第一信号,把群众需要作为第一选择,时刻关注最广大人民的利益和愿望;真正将维护好、实现好、发展好最广大人民的根本利益作为自己的行动基础,切实为群众多办事、办好事、办实事,通过具体细致的工作与人民群众手牵手、心连心,树立共产党员和党的干部的好作风、好形象,从而赢得群众的信赖和拥护。

党员领导干部服务性意识的深化是共产党员先进性建设的必经之路,同时服务意识的强化使得社会主义核心价值观得到更好的贯彻,为民服务、执政为民的理念才能切实执行。党员领导干部示范性、服务性理念的不断贯彻为社会主义核心价值观的提炼给予了方向上的指引,是党员领导干部培育与践行社会主义核心价值观的题中之义。

第二节 加强党员领导干部的社会主义核心价值观建设

一、当前要提高党员领导干部社会主义核心价值观建设的自觉性

建设社会主义核心价值观必须要强调党员领导干部的核心价值观建设。首先,党员领导干部是社会主义核心价值观建设的最高主体,具有主导作用。共产党是带领13亿人民建设社会主义、实现中华民族伟大复兴的最高主体,也是社会主义核心价值观建设的最高主体,在社会主义价值观建设中起着主导作用,其任务就在于用先进的价值观引导全国人民走社会主义道路。落实社会主义核心价值观建设首先必须要加强党员领导干部的核心价值观建设,结合党员领导干部的工作特点,将核心价值观理念渗透到每一个工作环节之中。

其次,党员领导干部是社会中坚,在实践中具有引导、感召、凝聚、组织、协调和带头示范等特殊作用。加强党员领导干部的核心价值观建设,促进党员领导干部整体素质特别是精神境界的普遍提升,才能使党员领导干部更好地在广大人民群众中发挥率先垂范的作用。

最后,加强党员领导干部的核心价值观建设是促进党风廉政建设的内在要求。党风廉政建设关系到党的兴衰存亡,事实说明,将社会主义核心价值观具化为党员领导干部的内在价值观建设,从而促进党风廉政建设的进一步发展,以党风带民风,这是当前社会主义核心价值观建设的迫切需要。

二、党员领导干部应成为践行社会主义核心价值观的模范

价值观是人的灵魂,是驱使人们行为的内部动力。可以说,有什么样的

价值观,就有什么样的社会行为。树立正确的价值观,对党员领导干部来说尤为重要,因为"领导干部处于领导岗位,承担着领导的责任与义务,把握全局,指导全局,影响全局,其价值观影响范围大,辐射面广"。实践证明,党员领导干部的价值观在社会中起着导向、表率的作用,关系到社会风气的好坏和社会核心价值观的确立,关系到中国现代化建设的进程和中国特色社会主义发展的方向。我们要从战略高度来认识党员领导干部的价值观建设,并把它作为建设一支高素质干部队伍的基础工程来抓。

从党的性质和历史经验出发,笔者认为,党员领导干部应该树立的正确价值观,必须是以马克思主义世界观、人生观为基础,与社会主义核心价值观相统一的价值观。

党的十六届四中全会强调"各级领导干部都要牢固树立马克思主义的世界观、人生观、价值观,坚持正确的权力观、地位观、利益观"。因此,党员领导干部应牢固树立的马克思主义价值观主要包括以下内容:"以人的自由而全面发展为目的"的崇高社会理想价值观;"以实现社会成员共同利益为目的,以促进社会成员共同富裕为目标"的执政为民价值观;讲实效、出实绩,以为社会发展和人民群众解决实际问题为目的的求真务实价值观;大公无私、公道正派、清正廉洁,为党和人民利益奉献一切的高尚人生价值观。具体来说包括以下意识和观念:

(一)全心全意为人民服务

作为一个以马克思主义为指导思想的无产阶级政党,新形势下,党员领导干部必须坚定"为人民服务"的正确的价值观念,清醒自己手中的"权"是人民给的,就理应为人民办事而且要把事情办好,让人民满意,有道是"把人民放在心上,人民才要你坐在台上";时刻牢记"领导就是服务"理念,找到自己的角色定位,永远把自己摆在人民群众"服务员"的位置上,全心全意为人民服务。

(二)公正无私、清正廉洁

公正无私,其内涵包括两个方面:一是公正公平。"公"要求处理政事公平合理,不论当事人是达官显贵还是普通民众,是不相干的陌生人还是至爱亲朋,一切以事实为依据,以法律为准绳,只有如此才能断事公正。二是大公无私。要做到公平合理，就必须至正无私，做事不是从个人利益考虑，而是为国为民，为正义为公理，胸怀坦荡。而清正廉洁则是指不取不义之财，不贪无道之物，不受物欲人情羁绊。清白是从政之本，为官之宝，它既是一种行为规范，更是一种升华的人格。守住清廉，就可以蓄养一身浩然正气，就可以理直气壮地昂扬正气，心怀坦荡地面对世间百态，就可以得到民众的尊重和拥护，就可以有所作为。

（三）勤政谨慎

勤政，一是指努力工作、开拓创新。二是指身心俱勤，不仅是身体力行，躬身实践，而且要常用"心"，可以增智慧，长见识。三是指勤政始终如一。有些人在奋斗时能勤奋工作，但是一旦得到官位、有了成绩，就骄傲了，不思进取了，认为自己有享受的资本了，得过且过，思想涣散，吃喝玩乐，最后走上腐败堕落之路。谨慎则包括以下几方面的含义：一是慎微，"千里之堤，溃于蚁穴"，大贪都是从小贪开始的，一杯水与腐败没有直接的因果关系，但是如果认为接受小礼品、占点小便宜无所谓，那么这一杯水就可能是一个党员领导干部走向腐化堕落的开始。二是慎独，独处时不做任何坏事，守廉如初，守廉如旧。汉代杨震的"四知说"，就是提醒人们要"慎独"。三是要慎交，就是谨慎对待交友。党员领导干部的特殊地位，决定了他们在交友时必须把国家、人民的利益放在第一位，要多一分警惕，多一分慎重。

三、党员领导干部培育和践行社会主义核心价值观的途径和方法

人的价值观的形成是一个持续不断的过程，既要使党员领导干部接受科学的、系统的、持续不断的教育，又要加强其行为规范，建立长效机制，确保价值观的实践力度。

（一）要加强教育，努力解决好党员领导干部的社会主义信念和信心问题

面对国内外形势的变化，在新的历史起点上，加强党员领导干部的价值观建设，我们有必要对党员领导干部加强马克思主义，特别是马克思主义的

社会发展理论的学习和教育，努力解决党员领导干部对社会主义的信心和信念的问题。马克思主义认为，社会主义代替资本主义是人类历史发展的必然，是一种不以人们意志为转移的客观规律，是人类社会发展的客观规律，是存在于人的自觉活动之中的。人类的活动可以提前和延缓历史的这种进程，但不可能改变规律，各国人民可以选择实现社会主义的途径。中国共产党选择了走改革开放，发展社会主义市场经济的道路。通过多年的实践证明，我国所选择的道路是正确的，党员是历史的带头人、引路人，理所应当坚信马克思主义。当前应特别坚信马克思主义关于人类历史发展规律的理论，把实现共产主义作为自己的理想价值目标，决不能在一些大的风波面前丧失信心、动摇信念，我们只要坚持在中国特色社会主义这条道路上走下去，中国的社会主义现代化建设必然会取得更大的成就，这是加强党员领导干部价值观建设的关键问题。

（二）充分发挥社会激励和约束机制的作用，使党员领导干部树立正确的价值观

价值观建设主要是通过思想教育和行为规范使党员领导干部确立正确的价值观、人生观、权力观和从政观，从而对其行政施以软约束。但是，软约束要真正有力度还必须要有硬规定。

1. 建立评估和预测机制

如果一个党员领导干部道德沦落，人格品质低下，对腐败就必然会缺乏抵御能力。党员领导干部的价值观评估和预测就是对其"听其言，观其行"，通过日常工作观察、平常生活调查、心理测评等方式，内容涉及生活、工作、人际交往、家庭生活等方方面面，这样就可以比较准确地掌握一名党员领导干部的价值观的基本情况。同时，每个国家机关都要根据工作特点形成具体的价值观修养行为准则，每个党员领导干部都要时刻自省、自励，要经常检讨自己的思想是否出现了偏差，对萌生的错误意识予以清除，防微杜渐，"勿以恶小而为之，勿以善小而不为"，时刻提醒自己做一个廉洁清白的公职人员。

2. 严格选拔机制

用什么人，不用什么人，对党员领导干部的核心价值观建设具有直接的

导向作用。要把以廉政勤政为主题的核心价值观作为评价党员领导干部工作的首要根本点,选拔、任用那些严于律己、率先垂范、清正廉洁、作风正派的人走上领导岗位,不能选拔那些专为个人打算、跑官要官、以权谋私、严重脱离群众的为政不廉的人。

3. 深化考察监督机制

加大考察监督力度,就是要加强党员领导干部生活行为规范,保证党员领导干部在 8 小时之外品行正派,格调高雅。党员领导干部 8 小时之外的生活状况是衡量干部的试金石。由于职业的特殊性,党员领导干部的业余生活并不仅仅属于个人行为,而是代表着党和政府的形象,既有示范的作用,又是促进其廉政的根本保证。组织部门可以采用个别谈话、召开座谈会、问卷调查等方法,到考察对象单位、所在社区、家庭、街坊邻里向有关人员了解被考察对象"8 小时之外"的表现,包括个人爱好、生活习惯、社会交往、夫妻关系、家庭教育、日常消费、住房用车等,以便全面了解,深入监督。

(三)以人格塑造为形式培育党员领导干部道德情操,把握为民境界

党员领导干部价值观建设必须着眼于党员领导干部的人格塑造,即将党员领导干部价值观的培养具体化为党员领导干部素质的培育和塑造,可从以下几个方面将党员领导干部价值观的先进性付诸实际行动。

第一,以正确的价值观引导党员领导干部,确立一种既有利于协调各方面的关系,又反映社会主义市场经济和现代化发展的内在本质要求,也能够被绝大多数党员认同的核心价值观。只有当党倡导的核心价值观被所有党员所接纳,这个核心价值观才会具有顽强的生命力,并且强力地影响人们的行为,成为一种行为准则。

第二,以全面提高党员领导干部的素质、能力及水平的要求发展党员领导干部,把党员领导干部能力的充分发挥视为最大社会财富和生产力。党员领导干部是广大群众的带头人,是群众利益的集中代表者、维护者、体现者、执行者,党员领导干部要在实践中培养、完善自己的能力,这就要求党员领导干部要向更高的目标挑战,不断给自己提出新的目标、扩大能力范围。

第三,以培养高尚的道德品质完善党员领导干部自身,从道德的批判和建构两方面同时进行教育。既要从克服和超越党员领导干部中不良价值观

念的消极影响着眼,加强集体主义、为人民服务的思想道德教育,又要以反映和维护新的历史时期对党员领导干部的发展的积极要求入手,倡导进行最高层次的价值择优。只有党员领导干部的道德品质高尚,党在人民群众心目中的形象才会高大,党才能够赢得广大人民群众的衷心拥护,才能不断巩固执政地位,团结带领人民实现党的执政使命。

总之,社会主义核心价值观重在落实,重在深化,重在实践。而这一切,与党员领导干部的自觉培育与践行是分不开的。

第六章 社会主义核心价值观的培育路径

第一节 社会主义核心价值观建构的路向

正确认识构建社会主义核心价值观的必要性,准确把握社会主义核心价值观的培育要件和基本内涵,对于坚持和巩固马克思主义在意识形态领域的指导地位,推动社会主义和谐社会的构建有着十分重要的意义。

一、构建社会主义核心价值观的必要性

党的十六届六中全会通过的《中共中央关于构建社会主义和谐社会若干重大问题的决定》,在我们党的历史上首次提出了"社会主义核心价值体系"的科学概念,并且明确了社会主义核心价值体系在社会主义和谐社会建设中的重要地位和重大意义,指出"社会主义核心价值体系是建设和谐文化的根本"[1],"建设社会主义核心价值体系,形成全民族奋发向上的精神力量和团结和睦的精神纽带"。社会主义核心价值体系是一个内涵丰富、层次清晰、相互联系的有机整体,它包括马克思主义指导思想、中国特色社会主义共同理想、以爱国主义为核心的民族精神和以改革创新为核心的时代精神、以"八荣八耻"为主要内容的社会主义荣辱观这四方面的基本内容。社会主义核心价值体系是包含多层次、多方面内容的具有广泛适用性和包容性的

---

[1] 中共中央文献研究室.十六大以来重要文献选编:下册[M].北京:中央文献出版社,2008:660.

事关中国特色社会主义建设基本价值导向的完整体系,它具有强大的整合力和引领力。"社会主义核心价值观"和"社会主义核心价值体系"具有一致性和同质性。从广义上说,二者是同一的,都属于社会主义主流意识形态的范畴,受社会主义经济基础决定,服务于社会主义经济基础。两大命题的提出都是社会主义市场经济发展的必然要求,是社会主义和谐社会建设过程中需要突出解决的关键性问题。社会主义核心价值观和社会主义核心价值体系是一个问题的两种不同概括。从狭义上说,二者又有所区别。从切入点来说,社会主义核心价值观从观念入手,更倾向于一般性的总的价值理念的建构,而社会主义核心价值体系则从体系入手,倾向于结构明确、内容具体,是从更加直观的意义上来建构的。从目标来说,社会主义核心价值观强调对社会主义的认识有一个更加深入的理解和把握,而社会主义核心价值体系则强调实践上的操作性。从内容来说,二者有包容关系,社会主义核心价值观从属于社会主义核心价值体系,是社会主义核心价值体系的核心和灵魂。构建社会主义核心价值观实际上就是构建社会主义核心价值体系。

随着社会主义市场经济体制的建立和完善,我国已进入改革发展的关键时期:经济体制深刻变革,社会结构深刻变动,利益格局深刻调整,思想观念深刻变化。客观实际的改变必然要求观念形态相应改变。构建中国特色社会主义核心价值观是适应社会转型的需要而提出的迫切任务。

(1)我国正处于社会转型时期,要求核心价值观也必须完成转型。顺利完成社会转型,避免社会动荡和付出太大代价,实现社会主义现代化的奋斗目标,就必须在中国特色社会主义现代化的进程中着力构建新的核心价值观。

(2)社会转型期的观念矛盾要求有一个新型的核心价值观协调和化解。社会转型期的一个重要特征就是各种矛盾交集凸显,多种社会思潮涌动,多元价值观出现,多种信仰并存。有些社会成员心理失衡,价值观混乱。原有的价值理念和道德标准受到了严峻挑战,一些原本十分清楚的价值观受到了质疑,导致不少人的思想观念出现了困惑、迷茫、盲从。这些问题的出现和蔓延,对社会主义道德建设造成了冲击,损害了社会风气,也严重影响了社会经济的健康发展,因此当今迫切需要加快构建社会主义核心价值观。

(3)在社会转型期,核心价值观在短时间内很难形成。从世界历史实践来看,核心价值观的形成需要一个长期的历史进程,才能最终达到完备,逐渐社会化、大众化,并真正成为人们自觉遵循的价值标准。中国封建社会所崇尚的以"仁、义"为核心的核心价值观从春秋时期提出,完备于宋明时期,跨度近两千年。西方以"自由、平等、民主"为核心的核心价值观,在古希腊就可以找到根源,但是直到资本主义工业革命时期才真正形成完备的体系。所以,新的核心价值观的形成不可能一蹴而就,需要经历一个较长的历史过程。

二、构建社会主义核心价值观具备的可能性

一个社会的核心价值观,表征着这个社会最广大人民群众的根本价值追求与实践宗旨,是形成社会向心力的根本性因素。这种向心力、凝聚力,是建立在共同的价值与信念基础之上的。也就是说,作为价值共识的社会主义核心价值观,为社会主义社会提供着共同的理想信念和道德规范。

提炼和概括作为价值共识的社会主义核心价值观,无论从逻辑上还是从事实上,都有赖于对提炼和概括社会主义核心价值观"是否可能"和"如何可能"的合理说明。现阶段中国社会正处于全面向社会主义现代化转型时期,由社会经济结构多元化引发的价值多样化以及价值领域的结构分化,是当前价值世界的基本事实。正是这一事实,一方面使得提炼、概括普遍和统一的社会主义核心价值观的努力变得极为困难,另一方面也使得对当前价值困惑的彻底追问和普遍思考以及提炼、概括社会主义核心价值观的努力成为十分重要的任务。

提炼概括社会主义核心价值观的工作之所以是可以实现的,是因为:

(一)马克思主义经典作家和中国化的马克思主义者关于社会主义核心价值观的经典论述是凝练社会主义核心价值观的理论根据

马克思和恩格斯对未来社会的预见,是适应时代发展和无产阶级革命斗争需要的产物,是在资本主义的生产状况和阶级状况成熟的条件下产生

的。它既没有离开世界文明发展的康庄大道,更不是狭隘的宗派学说,而是对 16 世纪以来人类所创造的优秀文明成果尤其是对空想社会主义价值思想的直接继承。他们涉及的价值理念十分丰富,其中人的自由全面发展、平等正义、人权、友爱互助、富裕和谐等是他们论述最多的内容,可以被看成是科学社会主义核心价值观最主要的范畴。

科学社会主义核心价值观的这些主要范畴,体现了规律性与目的性、社会发展与人的发展、科学理性和实践理性的辩证统一,是蕴涵社会主义核心价值观最直接的素材。其中,对"人的自由全面发展"和"平等正义"的揭示,是马克思主义经典作家论述未来共产主义社会最核心的价值范畴,体现了未来共产主义社会的最根本的价值理想,为社会主义核心价值观的提炼指明了方向。社会主义核心价值观只有高度体现规律性与目的性、社会发展与人的发展、科学理性和实践理性的辩证统一,才会具有理论的科学性和彻底性,才可能在最大限度上让人信服、认同和信仰。

中国共产党在领导社会主义革命、建设和改革的伟大实践中,丰富和发展了社会主义核心价值观。从毛泽东的"全心全意为人民服务"到邓小平的"三个有利于"标准,从江泽民的"三个代表"重要思想到胡锦涛的"以人为本"的科学发展观,"为人民服务"、"实现人的自由而全面发展"、"以最广大人民群众的根本利益为本",已经成为中国化的马克思主义者始终坚持的自觉价值理念和价值追求。

党的十六大以来,党中央提出"坚持以人为本,树立全面、协调、可持续的发展观,促进社会经济和人的全面发展",并指出"以人为本"就是要"以实现人的全面发展为目标,从人民群众的根本利益出发谋发展、促发展,不断满足人民群众日益增长的物质文化需要,切实保障人民群众的经济、政治、文化权益,让发展的成果惠及全体人民"。这无疑是在新的条件下对马克思主义社会主义价值观的进一步回归和高扬。党的十六届六中全会通过的《中共中央关于构建社会主义和谐社会若干重大问题的决定》,首次明确提出建设社会主义核心价值体系的命题和任务。党的十七大报告进一步指出"社会主义核心价值体系是社会主义意识形态的本质体现",强调"建设社会主义核心价值体系,增强社会主义意识形态的吸引力和凝聚力",要求全党

"积极探索用社会主义核心价值体系引领社会思潮的有效途径,主动做好意识形态工作,既尊重差异、包容多样,又有力抵制各种错误和腐朽思想的影响"。党的十七届六中全会决议中更是提到:"社会主义核心价值体系是兴国之魂,是社会主义先进文化的精髓,决定着中国特色社会主义发展方向。"而在最新的十八大报告中更进一步提出:"倡导富强、民主、文明、和谐,倡导自由、平等、公正、法治,倡导爱国、敬业、诚信、友善,积极培育和践行社会主义核心价值观。""要深入开展社会主义核心价值体系学习教育,用社会主义核心价值体系引领社会思潮、凝聚社会共识。"这充分体现了党中央对建设社会主义核心价值体系、构建社会主义核心价值观的高度重视。

马克思主义经典作家对社会主义价值观作出了许多科学的阐述,马克思主义中国化最新成果又对建构社会主义核心价值观提出了新的思想。这些重要论述是我们凝练社会主义核心价值观的指导思想和文本根据。我们只有以马克思主义经典作家和中国化的马克思主义者关于社会主义价值观的经典论述为思想指南和理论基础,凝练出的社会主义核心价值观才能既有深厚的理论根基和深刻的思想内涵,又能有力地展现鲜明的时代特色和中国特色,进而实现继承与创新发展的有机统一。

(二)中国传统核心价值观和当代西方核心价值观的优秀、合理的思想是凝练社会主义核心价值观的思想资源

胡锦涛在《求是》杂志2012年第1期撰文指出,社会主义核心价值体系,是根源于民族优秀文化和社会主义先进文化并吸收人类文明成果发展起来的,是我国社会主义文化的引领和主导。社会主义核心价值观具有极大的包容性,它既以发轫于先秦时期,具有鲜明伦理色彩的儒家价值观以及中国近现代历史上符合时代潮流的价值追求为蓝本,也以肇始于古希腊文明和基督教文化的西方资产阶级核心价值观为镜鉴,是在广泛吸收借鉴世界文明优秀成果的基础上形成的。

在中华民族的历史发展进程中,"仁义礼智信"始终是中华民族道德精神与核心价值观之根本,牵动、影响和辐射着整个社会道德规范体系,推动着整个社会道德的教化与进步,提升着整个社会的道德水准。这五个核心道德之维,承载着中华民族文化发展路向,起到了锤炼民族性格、培育民族

精神的巨大作用。其中,"仁"与"义"占主导地位,在中华传统美德中更居于第一层面,尤其具有核心作用。"仁"是各种德性的源泉,"义"是所有规范的原则。"仁"与"义"的统一,意味着德性与规范的有机统一和内在融合。"仁"构成中华文化的价值基点和道德本性,它所表现出来的"爱"——仁者爱人,驻留在人类及其生活世界里,来源于历史文化和血缘情感的联系。这种"爱",既不断激发人类文化生生不息的创造活动,又承受人类及其生活世界的灾难与沉重。孔子说:"仁远乎哉?我欲仁,斯仁至矣。"(《论语·述而》)"义"所表现出来的"正义",就是捍卫"仁"的最高价值判断和道德信念。正是由于"仁义礼智信",尤其是"仁义"这一优秀道德精神与核心价值观的力量,中华民族才得以自强不息,厚德载物,在多灾多难中始终奋进不止。我们完全有理由把"仁义礼智信"作为中国特色社会主义核心价值观的基础性、民族性内容,从社会主义的实践需要和人类文明的发展趋势出发,把历史与时代、中国与世界连接起来,赋予其符合时代要求的新内涵,建构既与中华民族优秀道德精神和核心价值观相传承、为中华儿女所普遍认同和遵循、高度体现中国风格和中国气派,又与社会主义市场经济相适应、与社会主义法律规范相协调、与人类文明发展趋势相承接的核心价值观。

当代西方"自由、平等、人权、民主、博爱"的核心价值观中不少有价值的思想,并不是资产阶级的专利,也不是某个民族、某个国家的"非卖品",而是人类文明发展进程中的重要成果。如何正确对待和批判借鉴这一核心价值观,是凝练社会主义核心价值观不可回避的一个现实问题。西方核心价值观从古希腊和古罗马时代便开始萌芽,恩格斯曾指出:"没有希腊文化和罗马帝国所奠定的基础,也就没有现代的欧洲。"①希腊文明中关于自由、民主、理性、科学、秩序、节制等以及罗马文明中关于"私有财产、法治、权利、公正、共和"等重要观念都构成了当代西方核心价值观的思想渊源。资产阶级在反对封建主义专制社会、建立资产阶级统治的过程中,提出了与当时社会生产力发展水平相适应的一整套核心价值观,如美国的《独立宣言》、法国的《人权宣言》、英国的《人民宪章》,较为完整地表述了资本主义的这种核心价

---

① 马克思恩格斯全集:第 3 卷[M].中央编译局,译.北京:人民出版社,1995:524.

值观——自由、平等、人权、民主、博爱。对资本主义核心价值观的作用,列宁曾肯定地说:"资本主义和封建主义相比,是在'自由'、'平等'、'民主'、'文明'的道路上向前迈进了具有世界历史意义的一步。"

然而,资本主义核心价值观的缺陷,并不在于"自由、平等、博爱"这些价值理念本身,而在于资产阶级以抽象的人性论为依据,以绝对的普遍性为方法,借助强大的文化力和话语霸权,把"自由、平等、博爱"说成是代表整个人类社会普遍利益的"普世价值",向全世界兜售。马克思曾一针见血地指出:以"自由、平等、博爱"为核心价值观的资产阶级意识形态,具有虚伪性、唯心性和欺骗性,因为在这些价值理念中,现实的个人利益往往被说成是普遍利益,因此"愈发下降为唯心的词句、有意识的幻想和有目的的虚伪"。

在科学社会主义产生以前,社会主义思潮曾有过漫长的空想发展阶段。空想社会主义是科学社会主义最直接的理论来源。对资本主义制度的猛烈抨击、无情揭露和整体性批判,对未来社会的大胆设想和积极主张,是空想社会主义思想体系中最精彩、最有价值的部分,是空想社会主义留给人类的宝贵精神财富和价值资源。

空想社会主义从一产生开始就充满激情地展现了对未来社会主义的崇高价值理想,鲜明地描绘了未来社会主义的价值特征,热烈地表示了对自由、平等、博爱、和谐、幸福、劳动、人的全面发展等价值理念的无限向往和不懈追求。马克思和恩格斯充分肯定空想社会主义的价值思想,是与"无产阶级对社会普遍改造的最初的本能的渴望相适应的"。例如,消灭城乡对立,消灭家庭,消灭私人营利,消灭雇佣劳动,提倡社会和谐,把国家变成纯粹的生产管理机构——所有这些主张,都表明要消灭阶级对立,都为社会主义核心价值观的提炼和升华提供了具有人类共识性的价值资源和价值理念。当然,我们不能不看到,空想社会主义对未来社会价值理想的论述,也有着不可克服的历史局限性。在一定意义上,空想社会主义犯了同资产阶级思想家一样的错误,它从抽象的人性论——"理性和永恒正义"的抽象伦理原则出发,不仅具有明显的泛人性论、平均主义和禁欲主义倾向,而且没有找到改造旧世界和实现社会主义的现实道路。科学社会主义与空想社会主义既有历史的继承关系,又有发展的本质区别。科学社会主义是根据人类社会的发展趋势、发展规律并经社会主义实践运动勾画出来的未来社会主义图景,是具有科学性的。

(三)人民群众对社会主义核心价值观的认知认同和表达习惯,是凝练社会主义核心价值观的现实根据

在社会主义条件下,人民群众作为实践的主体,进而作为整个社会的主体,其根本利益所在则构成了提炼、概括社会主义核心价值观的出发点和依据。尽管在任何社会条件下,人们总是不可避免地具有利益上的种种对立和冲突,然而,作为实践和社会主体的人民群众的利益和要求则必然是社会整体利益的主导和支配因素。因此邓小平指出,人民群众满意不满意、赞成不赞成、高兴不高兴是我们衡量一切工作成败的标准。因此,真正反映了中国最广大人民群众根本利益和要求的最基本的价值观或价值体系,可以成为社会主义核心价值体系的内容。

改革开放以来,我国的社会结构发生深刻变动,利益格局深刻调整,思想观念深刻变化,人们的价值观念差异性日益增强,价值选择日益多变。这种价值冲突既凸显了凝练社会主义核心价值观的必要性和紧迫性,也体现了整合社会价值观念的艰巨性和复杂性。因此,社会主义核心价值观要有广泛的认同性与实践性,必须突出人民的主体性。广大人民只有真正认识了社会主义核心价值观与自己利益的深层关系,才会自觉地认同社会主义核心价值观。

社会核心价值观的传播效果,固然取决于其本质内容,但与表达形式也密切相关。一般来说,高度凝练的内容便于大众的接受和传播,简单明快的表达方式有利于全社会不同文化程度人群的理解和领会,便于口口相传。社会主义核心价值观要在人民群众的日常生活中生根发芽结果,就必须是全国广泛认同、反映中华民族共性,并与社会主义核心价值体系相衔接的普适价值观。由于社会主义核心价值观要为各种不同文化层次和水平的人所接受,语言表述上一定不能过长,越简洁明快越好。比如"五四"精神,就是"民主与科学",或称为"德先生"、"赛先生"。大道至简,越简单,越质朴,越贴近和反映广大群众要求的价值观,越具有感召力、影响力、践行力和生命力。

总之,凝练社会主义核心价值观不是一蹴而就的,仅从某一方面出发来确立社会主义核心价值观凝练的依据,显然不尽准确。我们在凝练社会主义核心价值观的过程中,既要关注马克思主义理论的经典论述,也要着眼其在社会主义中国的创新发展;既要关注马克思主义世界观方法论的现实运用,也要吸收人类文明发展的积极成果;既要考量人民大众的理论需求,也要把握中国特色社会主义实践的现实要求。现已形成的"三个倡导",正是基于以上原则进行的。

第二节 社会主义核心价值观的培育原则和科学方法

在当代中国对社会主义核心价值观进行科学合理的提炼,使之成为全社会的强大精神支柱和共同思想基础,势必离不开社会主义核心价值观孕育存在的理论前提和现实土壤。一方面,社会主义核心价值观是在社会主义制度下形成和发展的,必须坚持马克思主义的指导地位,这也是社会主义核心价值观作为社会主义核心价值体系有机子内容的必然要求;另一方面,社会主义核心价值体系是在中国进行社会主义改革发展的现状下提出的,必须立足于社会主义意识形态,与西方资本主义宣扬的普世价值观具有本质不同。基于此,在对社会主义核心价值观进行科学提炼的过程中,需要遵循一些基本原则和科学方法,使其能够更加体现时代性,把握规律性,富于创造性。

一、社会主义核心价值观的提炼原则

首先,要体现马克思主义中国化的最新成果,反映社会主义的本质要求。中国共产党自成立之日起,就是一个以马克思列宁主义为指导思想的工人阶级政党。在革命、建设和改革开放各个阶段的壮阔实践中,中国共产党始终坚持把马克思主义的基本原理同中国的具体实际相结合,推动着、实

现着马克思主义的中国化。我们也完全可以说，推动马克思主义中国化是中国共产党理论创新的根本路径。因此，凝练社会主义核心价值观，必须依据马克思主义构建社会主义价值观念的重要指导思想，充分吸收马克思主义中国化的最新理论成果，唯有如此，才能使凝练出来的社会主义核心价值观既有深厚的理论根基，又能有力地体现社会主义社会的本质规定。社会主义本质是社会主义核心价值观的基本内核，社会主义核心价值观就是社会主义本质的价值体现。在一定意义上讲，社会主义本质是社会主义的精髓，社会主义核心价值观只有充分包含社会主义的精髓，才可称之为社会主义核心价值观。因此，在凝练社会主义核心价值观的时候，我们首先必须搞清楚什么是社会主义本质，因为这是凝练社会主义核心价值观最根本的问题，也是区别其他任何价值观最根本的问题。今天，我们在凝练社会主义核心价值观的时候，必须通过精深的理论概括和实践总结，将社会主义本质的内核充分地揭示出来，最终为凝练社会主义核心价值观提供理论指导和价值准则。

第二，核心价值观必须是基本性的、持久性的价值观，而不能是次生性的、短暂性的价值观，不能是包含在其他价值观中的价值观。我们不能三天两头地提出所谓新的核心价值观。如果今天换一个价值观，明天换一个价值观，经常更换核心价值观，就说明没有找到真正核心的价值观。在这个意义上，核心价值观不能是发展过程中的阶段性和短期性的目标或追求，如土地改革时期的"打土豪、分田地"和"耕者有其田"，新中国成立初期的"赶英超美"和"多快好省"，改革开放时期的"现代化"、"小康"、"共同富裕"。可以与时俱进地提出时代性目标和一般价值观，但是核心价值观应该是比较稳定的。如果经常随意更换核心价值观，还容易造成大众在价值观和文化上的断裂，不利于巩固人民的国家认同和社会的长治久安。此外，有些价值观是次生的，可以由其他价值观加以解释或蕴涵在其他价值观之中。譬如，"共同富裕"就包含在公正之中，公正可以很好地解释人的自由权利和共同富裕等价值，没有公正就不可能尊重每个人的权利，也不可能实现共同富裕；反过来，共同富裕就不能包含公正，因为公正不仅仅是大家都富裕，它还有政治和文化等方面的含义。

第三,要体现民族性和世界性的统一。在全球文化间交流、交融、交锋日渐频繁和激烈的时下,任何一种民族文化都不可能脱离外来文化的影响而"独立"发展,任何一种价值观念也都不可能与世隔绝而"独善其身",都需要从其他价值观念中汲取养分,这是先进文化发展的现实语境,也是当前凝练社会主义核心价值观的基本前提和重要特点。"只有民族的,才是世界的。"社会主义核心价值观如果丧失了民族性,就缺失了民族特质,就难以被广大人民群众所认同和接受,也就难以落地生根,更难以存续发展。对此,毛泽东早就指出,马克思主义只有"和民族的特点相结合,经过一定的民族形式,才有用处"。同时,我们也必须看到,随着人类文化融合的提速,不同价值观念之间的融合也在提速,马克思和恩格斯在《共产党宣言》中就指出:"过去那种地方的和民族的自给自足和闭关自守状态,被各民族的各方面的互相往来和各方面的互相依赖所代替了。物质的生产是如此,精神的生产也是如此。"因此,社会主义核心价值观的凝练,离不开对世界优秀文明成果的借鉴和吸收,社会主义核心价值观没有了世界性,就难以应对全球化时代思想文化的交流、交锋和交融,就难以在日趋激烈的文化软实力竞争中脱颖而出。由此不难看出,凝练社会主义核心价值观,搞断绝传统的"全盘西化"不行,故步自封的"民粹主义"更不行,只有坚持"以我为主、兼容并包",实现民族性和世界性的统一,方是可行之道。

第四,要体现人民群众的主体地位。人民群众是历史的创造者,社会进步的推动者,也是社会主义核心价值体系构建的参与者、践行者和成果的享受者,凝练社会主义核心价值观,同样离不开人民群众的积极有效参与。正如有关专家所指出的那样,人民群众是核心价值观的践行主体,也应是核心价值观的凝练主体。人民群众在凝练核心价值观过程中主体作用的发挥程度,直接决定和影响着其在践行核心价值观中主体作用的发挥程度。各地各行业在凝练核心价值观的过程中,需要倾听民声、汇聚民意、汇集民智,但更需要将以"人民至上"的根本理念贯穿于核心价值观及其凝练过程的始终,这是核心价值观能够表达民意、为民所需、解民之惑、惠民发展的基础,也是核心价值观的凝练能够让人民群众积极主动参与并在参与中发挥主体性的重要前提。这就需要我们在凝练社会主义核心价值观的过程中,充分突出广大人民群众的主体地位,最大限度地汇集全民的智慧和力量。

二、提炼社会主义核心价值观的方法论原则

(一)社会价值的主体前提规定着社会普遍价值的基本出发点、依据和普遍规范

马克思主义认为,人民群众是历史的创造者,是人类实践活动的主体,是一切社会物质财富和精神财富的创造者,是社会发展的主体,是社会变革的决定力量。既然社会主义的核心价值观是对社会主义条件下人们的核心价值体系的反映,人民群众又是社会主义核心价值体系的主体,那么由此出发,必然从逻辑上可以得出以下结论:提炼、概括社会主义核心价值观必须确立人民群众这一价值主体地位,把人民群众的利益与要求作为社会普遍价值的出发点、依据和规范。这是因为,人民群众所具有的"普遍"属性,内在地规定了社会主义核心价值观包含有普遍性价值因素。也就是说,社会主义核心价值观所关注的对象是一些可以普遍化的社会价值规范。具体而言,社会主义核心价值观在涉及人与自然、人与社会、人与自身关系时的价值理解,主要侧重于具有社会普遍性意义的层次和方面。这一"普遍化"立场既是提炼、概括社会主义核心价值观的方法论原则,也规定着社会主义核心价值观的理论界域。社会主义核心价值观是具有现实生活普遍价值合理性的、可以为广大人民群众所共同接受和践履的普遍价值规范。

(二)以对事实矛盾和现实困境的认知和把握为基础

作为人们需求和追求的理想表达的核心价值观,并非凭空产生和主观形成的,而是建立在对当前现实和事实现状的正确认识与理论反思的基础之上的。因为价值观本身就其实质而言,是主体在现实存在困境和事实本身矛盾的基础上,在对自身需求的理解、领悟和反思中所获得的理性的价值意识,并以此作为引领自身生成、生存、发展的价值取向、价值追求和价值信念。概而言之,核心价值观所蕴涵的价值判断和价值选择,是社会主体通过对事实矛盾和现实困境的否定和超越而获得的自身需求的满足。因此,提

炼和概括社会主义核心价值观的方法论原则,首先是遵循核心价值观的生成逻辑,紧紧围绕社会主义社会的事实矛盾和现实困境。

我们所要提炼、概括的核心价值观是社会主义的,为此,就必须以社会主义社会的事实矛盾和现实困境为出发点。一方面,要立足我国社会主义的客观现实与实际状况,反思我国社会主义发展所面临的重大理论和实际问题,以此作为"核心价值观"生成与凝聚的客观现实基础;另一方面,人们在 30 多年的社会生活实践中,获取克服与解决问题的"中国特色社会主义、以人为本、科学发展"等价值取向、价值意识和价值观念,以此达到对现实困境和事实矛盾的否定和克服以及理想超越,从而为社会主义核心价值观的生成与凝聚提供前提。以对事实矛盾和现实困境的认知和把握为基础是提炼、概括社会主义核心价值观的一个前提性方法论原则。

(三)从人们整体实践活动的基本领域入手

马克思说:"全部社会生活在本质上是实践的。凡是把理论引向神秘主义的神秘东西,都能在人的实践中以及对这个实践的理解中得到合理的解决。"[①]在马克思看来,实践在理解社会关系中具有根本性、决定性的作用,也是对社会本质的一种规定。价值作为人类社会的一个重要现象,既不是客观事物固有的性质,也不是人们头脑中主观臆想的,而是在人类实践活动中生成并随着社会实践的发展而发展的具有主体性和客观性性质的现象。因此,提炼、概括社会主义核心价值观,只能从人们整体实践活动的基本领域入手。

根据从人们整体实践活动的基本领域入手的原则,我们可以把社会主义核心价值观提炼、概括为以下几个基本方面:第一,以中国特色社会主义建设实践为基础的、作为社会政治理想的价值观,即为中国特色社会主义而奋斗的理想和信念。我国是一个社会主义国家,中国特色社会主义实践要求我们为实现经济繁荣、社会和谐、政治开明、平等公正、人民安居乐业以及和谐、小康、共同富裕的目标而努力奋斗。第二,以人们创造人生价值的实践为基础的、作为人生实践指南的价值观,即为人民服务的人生观。这种价

---

① 马克思恩格斯选集:第 1 卷[M].中央编译局,译.北京:人民出版社,1995:56.

值观认为,人的价值在于社会价值和自我价值的统一,但从根本上说,人的价值在于社会价值。在社会主义条件下,人的价值在于为人民服务,在于人对社会的贡献。第三,以人们普遍从事着的改造自然和社会的实践为基础的、作为人们获得成功的实践活动所必须遵循的必然要求的价值观,即坚持真理、崇尚科学的科学观。任何实践活动要获得成功,就必须严格遵循真理尺度,这一实践的客观要求促使人们在改造自然和社会的实践中必须树立起坚持真理、崇尚科学的科学观。第四,以处理人与人之间伦理道德关系的社会实践为基础的、作为人们处理社会关系的普遍价值尺度的道德价值观,即集体主义价值观。它以人民群众为本位,主张人民的利益高于个人利益;社会应关心每个成员的个人利益,做到国家、集体、个人利益的正确结合。第五,以追求崇高的精神境界和创造具有审美性质的人生实践为基础的、作为这一实践根本价值尺度的价值观,即真善美相统一的健康的、高尚的审美观。

经过数年的努力和无数学者的参与,也正是基于上述原则,党的十八大才正式确认并提炼了24个字。当然,在继续探究和不断培育社会主义核心价值观的过程中,以上这些原则依然是不可绕开的。

第七章　社会主义核心价值观建构的总体框架

第一节　公平正义：社会主义核心价值观的价值基础

无论是国家层面倡导的民主,还是社会层面的平等与自由,公平正义必然是社会主义核心价值观的价值基础。

一个社会的本质、特征和理性追求集中表现为该社会的基本价值观和核心价值取向。多元的非核心价值观能增进社会活力和增添社会色彩,统一的核心价值观能阻止社会的碰撞和分裂。社会主义核心价值观是反映社会主义基本的、长期稳定的社会关系及价值追求,起着统率社会价值理念、价值尺度的核心和灵魂的作用,是整个社会主义价值体系中最基础、最核心的部分。当前,我国正处在一个多种价值因素重新整合、构建社会主义核心价值观的关键时期,必须特别重视以系统的思维来看待复杂的价值现实和价值观念,在多元变化整合的动态过程中更好地厘清核心价值观建构的价值基础,在批判与建设的统一中构建社会主义核心价值观。公平正义作为人类社会文明的基本价值,是社会主义社会的价值目标,是建设中国特色社会主义的价值动力,是社会主义核心价值体系的价值要求,也必然是社会主义核心价值观的价值基础。

一、公平正义的内涵阐释

"公正"一词最早出现于古希腊文,其意为"表示置于直线上的东西",之后被引申为表示真实的、公平的和正义的东西。在西方,公正、公平、正义是同一个词,"公正"又常与"正义"、"公平"通用,表达一种人类合理性的价值追求。在一般意义上,社会公正往往被理解为"给每一个人他所应得的"。这首先意味着公正是一种应该的、合理的价值选择,是必须出自社会成员的共同的理性判断和选择。在更为根本的意义上,公正应当是人类社会理性的充分体现。公平正义又是一个历史范畴,在人类源远流长的历史长河中,社会公正在不同历史发展阶段引导着不同的社会群体选择不同的价值行为取向,从而显现出其多层次的不同内涵。若从价值形态的角度来界定,社会公正作为人类不懈追求的价值目标,它反映的是人与人之间的一种社会利益关系以及处理这种关系的价值准则,是衡量社会制度合法性的重要依据。从这个范畴界定可以看出,社会公正既是一种价值理念,又是一种行为规范,其基本要求是"社会的政治利益、经济利益和其他利益在全体社会成员之间合理而平等的分配","意味着权利的平等、分配的合理、机会的均等和司法的公正"。由此可见,公平正义是人类社会发展的一种进步的价值取向。

二、公平正义必然成为社会主义核心价值观并作为其价值基础

公平正义是马克思主义的基本价值取向,它具有历史性、具体性和相对性等特点。社会主义社会的公平正义是指在生产资料共同占有和消灭剥削基础上的公正和平等。社会主义社会应当是比以往任何社会形态都更加公平正义的社会。发展中国特色社会主义必须大力促进和实现社会公平正义。促进和实现社会公平正义,是新的历史条件下坚持和发展中国特色社会主义的基本要求,也是全面建设小康社会、推进中国特色社会主义事业的重大任务。因此应当以共同富裕为目标,凸显社会主义公平正义。以共同富裕为目标的社会主义公平正义允许差别,但不应当出现两极分化。

(一)公平正义是马克思主义的基本价值取向

马克思主义经典作家在对以往一切平等观念进行了历史唯物主义根本

改造的基础上,提出了无产阶级的平等公正观。恩格斯在《反杜林论》中这样指出:"平等应当不仅是表面的,不仅在国家的领域中实行,它还应当是实际的,还应当在社会的、经济的领域中实行。"①恩格斯同时认为:"一切人,作为人来说,都有某些共同点,在这些共同点所及的范围内,他们是平等的,这样的观点自然是非常古老的。但是现代的平等要求与此完全不同;这种平等要求更应当是从人的这种共同特性中,从人就他们是人而言的这种平等中引申出这样的要求:一切人,或至少是一个国家的一切公民,或一个社会的一切成员,都应当有平等的政治地位和社会地位。要从这种相对平等的原始观念中得出国家和社会中的平等权利的结论,要使这个结论甚至能够成为某种自然而然的、不言而喻的东西,必然要经过而且确实已经过了几千年。"②列宁在考察平等时,是把它与生产资料所有制联系在一起的。他认为:"谁承认阶级斗争,谁就应当承认在资产阶级共和国中,即使在最自由最民主的共和国中,'自由'和'平等'只能表现为而且从来就表现为商品所有者的平等和自由,资本的平等和自由。"③尽管列宁没有对平等提出一个明确的定义,却对平等的含义有所说明。"社会民主党人所理解的平等,在政治方面是指权利平等,在经济方面,我们刚才已经说过,是指消灭阶级。至于确立人类在力气和才能(体力和智力)上的平等,社会主义者连想也没有想过。"④因此,列宁所说的平等,是指社会意义上的平等。他对这种意义的平等进行了不同划分,如分成政治平等和经济平等、形式上的平等和内容上(实质上)的平等,等等。

(二)公平正义是社会主义社会题中应有之义

马克思主义的公平正义观为我们在社会主义制度条件下实现社会公平正义提供了重要的理论基础。列宁曾指出,社会主义者所说的平等,从来是指社会和社会地位的平等,而不是指每个人的体力和智力的平等。只有消

---

① 马克思恩格斯全集:第20卷[M].中央编译局,译.北京:人民出版社,1971:28.
② 马克思恩格斯选集:第3卷[M].中央编译局,译.北京:人民出版社,1995:444.
③ 列宁全集:第36卷[M].中央编译局,译.北京:人民出版社,1959:361.
④ 列宁全集:第24卷[M].中央编译局,译.北京:人民出版社,1990:391.

灭阶级,才能使全体公民在同整个社会的生产资料的关系上处于同等的地位,也就是说,全体公民都同样可以利用公有的生产资料、公有的土地、公有的工厂等进行劳动。

不可否认,在相当长久的社会主义初级阶段初会里,仍然存在着一些不平等的现象。这主要表现在,第一,在社会主义社会,个人消费品实行按劳分配,但仍然存在着个人收入的不平等。按劳分配不承认阶级差别,然而却默认不同等的个人天赋,默认不同等的工作能力,也就是默认不同人的这种天然差别。它还默认个人之间的其他一些差别。如,一个劳动者的子女较多,另一个的子女较少等。这使得即使在劳动成果相同的条件下,某一个人事实上所得到的也比另一个人多些,比另一个人富些,如此等等。马克思指出:"但是这些弊病,在经过长久阵痛刚刚从资本主义社会产生出来的共产主义社会第一阶段,是不可避免的。权利决不能超出社会的经济结构以及由经济结构制约的社会的文化的发展。"①第二,社会主义社会还存在着商品经济和货币,必然有不平等存在。在商品经济和货币消失之前,经济生活中的平等只能逐步实现。第三,社会主义社会仍然存在着工农差别的不平等。社会应当尽最大可能缩小这个差别,但是,还无法完全消灭这个差别。

社会主义社会虽然不能完全实现社会平等,但是,可以作出努力尽量缩小差别。政府和社会应当运用公共权利,通过制定和执行政策,尽可能实现政治、经济、教育、社会关系等诸多方面的公平和平等。马克思提出过许多科学的设想。如,在经济平等方面,他认为,由社会掌管的用于全社会的费用至少包括三项内容:第一,同生产没有直接关系的一般管理费用。第二,用来满足共同需要的部分,如学校、保健设施等。同现代社会比起来,这一部分一开始就会显著地增加,并随着新社会的发展而日益增长。第三,为丧失劳动能力的人等设立的基金,总之,就是现在属于所谓官办济贫事业的部分。在社会主义社会里,缩小差别,实现社会公正,需要各种条件,其中,发展生产力是实现公正的物质基础。马克思和恩格斯指出:"把生产发展到能够满足所有人的需要的规模;结束牺牲一些人的利益来满足另一些人的需

---

① 马克思恩格斯选集:第 3 卷[M].中央编译局,译.北京:人民出版社,1995:305.

要的状况;彻底消灭阶级和阶级对立;通过消除旧的分工,通过产业教育、变换工种、所有人共同享受大家创造出来的福利,通过城乡的融合,使社会全体成员的才能得到全面发展。"① 可见,只有充分发展生产力,才能为实现社会公正提供现实基础。

社会主义社会虽然不能完全实现社会平等,但社会主义社会应当是比以往任何社会形态都更加公平正义的社会。维护和实现社会公平正义,是我们党坚持立党为公、执政为民的必然要求,也是我国社会主义制度的本质要求。中国共产党的几代领导人,都对社会公正的理论和实践进行了不懈的探索,作出了重要贡献。新中国成立后,毛泽东高度重视实现社会公平正义,他对社会主义基本经济制度、政治制度、文化制度的设计和建设都包含着对公平正义的追求,但在实践中,也一度走入过平均主义的误区。在改革开放历史新时期,邓小平提出社会主义要在解放生产力、发展生产力、消灭剥削、消除两极分化的基础上,最终实现共同富裕,从而把实现社会公平正义纳入社会主义本质要求之中。党的十三届四中全会以后,江泽民反复强调要把社会公平正义问题作为涉及全社会的重要战略问题加以解决,通过政策、制度及社会保障等来逐步实现和满足人民利益。党的十六大以来,党中央提出了构建社会主义和谐社会的重大战略思想,明确把实现社会公平正义作为社会主义和谐社会的基本特征和重要目标。在我国改革开放和发展社会主义市场经济的条件下,公平正义是我们在推动科学发展、促进社会和谐过程中进行制度安排和制度创新的重要依据,是协调社会各阶层关系的基本准则,也是增强社会凝集力和感召力的重要旗帜。只有切实维护和实现社会公平正义,人们的心情才能舒畅,各方面的社会关系才能协调,人们的积极性、主动性、创造性才能充分发挥出来,整个社会才会更加和谐稳定,全体人民才能进一步同心协力地共同建设和发展中国特色社会主义。

当然,真正的公平正义只有在共产主义社会才能实现。恩格斯指出:"真正的自由和真正的平等只有在共产主义制度下才可能实现;而这样的制

---

① 马克思恩格斯选集:第1卷[M].中央编译局,译.北京:人民出版社,1995:243.

度是正义所要求的。"①只有实现共产主义制度,才能实现真正的平等和正义。

(三)公平正义是中国特色社会主义的价值动力

社会主义核心价值观,必须以公平正义为价值感召。社会主义是消灭了剥削和压迫的第一个社会形态,是迄今为止最公正的社会制度,中国人民选择并坚持社会主义"就是因为它承诺要创造切实的经济和政治条件,使社会变得更加公平正义,使全体人民都能享受更加平等的政治经济权利"。公平正义是推动中国特色社会主义向前发展的巨大价值动力,当社会处于相对公正时,社会各阶级阶层和社会成员就能和睦相处,社会矛盾就比较缓和,建设社会的动力就会增强,社会就能够持续前进。相反,当社会不公正程度加剧时,社会成员关系必然紧张,社会矛盾必然凸显甚至激化,社会冲突增多甚至出现动乱,建设社会的动力就会削弱,社会就难以前进。

罗尔斯认为,在道德的多元性成为既定现实的情况下,可以将公平正义视为秉持不同道德观的人群得以和平相处的最低层次的一致性认同。人们对社会主义公平正义的认同会变成现实的生产力,成为社会成员最高的价值追求,并内化成一股促进整个社会生产力向前发展的不竭动力。人民群众的公平正义感在社会主义革命和建设过程中始终发挥着巨大的价值推动作用。党领导人民群众取得新民主主义革命的胜利,实现民族独立和人民解放,是为了促进社会公平正义;党领导人民群众进行社会主义建设和改革,不断增强综合国力,提高人民生活水平,也是为了促进社会公平正义。

改革开放30多年来,我国社会财富高速增长,同时社会利益也日益多元化。在财富积累过程中,对财富和资源的占有程度和占有渠道的不同,以及与此互为因果的地位和权力的不同,造成了阶层与阶层之间以及阶层内部的利益分化加剧。如果分化超出了公正的底线,则将会在各个阶层和各个群体间出现鸿沟和对立。这不仅有损社会公正,还将成为社会不和谐不稳定甚至动荡的根源,使得所有人的利益得不到保障,也违背社会主义的本质。只有实现全社会的公平正义,才能充分发挥民众首创精神;只有密切联

---

① 马克思恩格斯全集:第1卷[M].中央编译局,译.北京:人民出版社,1956:582.

系群众,紧紧依靠群众,最充分地调动人民群众的积极性、主动性、创造性,最大限度地集中全社会全民族的智慧和力量,才能实现好、维护好、发展好最广大人民的根本利益,才能把改革发展取得的各方面成果惠及广大人民群众。公平正义是建设中国特色社会主义的深厚基础和价值动力,直接关系到社会的安全运行,关系到社会成员的内心平衡,关系到社会和市场环境的优劣,因此社会主义核心价值观必须以公平正义为价值基础。

第二节 以信仰为依托建构社会主义核心价值观的精神向度

之前我们谈论了很多关于社会主义核心价值观的概念、原则和方法,那么到底应该如何变抽象为具体,建构出社会主义核心价值观呢?我们提出以信仰为依托建构社会主义核心价值观。

歌德说:"世界历史的唯一真正的主题是信仰与不信仰的冲突。"因此,信仰问题构成了世界历史的最重要问题。处在社会转型中的中国正是如此。社会主义核心价值观要在人们的行为中体现出来,信仰是其重要环节。对于社会主义核心价值观的研究就有必要以信仰研究作为其中的重要环节。

一、信 仰

什么是信仰?一般认为,信仰是人们对某种主张、主义和价值理想的极度信服和尊崇,寄托着人的精神和终极关怀。人类需要信仰是基于人的本性,恩格斯说:"即使是最荒谬的迷信,其根基也是反映了人类本质的永恒本性。"[1]这本性是由其所处的生存背景、生存条件、生存结局在漫长的进化过程中形成的。信仰可以说是人类对这些背景、条件、结局所作的精神应对与

---

[1] 马克思恩格斯全集:第1卷[M].中央编译局,译.北京:人民出版社,1963:651.

挑战,它们的内容包罗万象,无边无际。

古巴比伦人相信是天上的星宿主宰着人间的幸与不幸;古希腊人认为命运为冥冥之中的最高定数,决定着人与神的生死祸福;基督教宣称是上帝的裁定注定了人一生的遭遇;佛教则告诉人们是前世的因缘造成了现世的祸福。哲学信仰力求破除传统的神秘,用社会的原因说明社会的现实。理性信仰认为是社会的非理性造成了社会的灾难。共产主义信仰则认为,人在社会中的经济地位、阶级地位才是人在社会中不同境遇的根源。在信仰对命运所作的解释中,宿命论和社会决定论占有很大的比重,但它们也对命运提出了抗争与挑战,并指出了不同的方法与道路。后一点在哲学信仰中尤其明确,这些观念和学说对幸运者是一种确认,对不幸者是一种安慰。但是,如果把共产主义信仰与宗教信仰比较一下,不难发现,宗教信仰"只是幻想的太阳",而共产主义信仰则要抛弃幻想的幸福,"要求人民的现实幸福"。

"相信"是人们在生活中形成的一种最初步的思想倾向和态度。它是对事物的某种性质或状态的断定、肯定,并且,事物的这种性质或状态往往与人的生活有关,而且是正向相关,即对人的生活有正面作用、正价值。因此,被人相信的东西是可以被人依赖的东西,可以"依赖",也就是可以"信赖"、"信任"。如果事物的某种性质或状态与人的生活无益且有害,人们不能加以"依赖",那么,人们就不会"信赖"或"相信"它。所以,我们常说,"我相信他有这个能力","我相信他是个好人",但我们不说,"我相信他没有这个能力","我相信他是个坏人"。

事物的某种性质或状态一旦为人所肯定、相信,而且被表述为一个判断、一个命题,人们对这个判断或命题的正确性又坚信不疑,那么,这个判断或命题就成为人们的一种信念。由此,相信就递升为信念。但并非人们相信的所有的东西都要化为信念,只有对人的生活来说显得特别重要,特别值得相信和恪守的东西,才会在人的意识中转化为信念。如果说"相信"是人们基本的思想态度,是人们得以生活的思想前提,那么,"信念"则是人们自觉坚持的思想观点,是人们进行生活的思想准则。"相信"解决的是人的生活的可能性问题,"信念"则不仅解决人的生活的可能性问题,而且要解决人的生活的现实性问题。所以,"信念"比"相信"更具自觉性,更为内在,也更能体现人的主体性。罗素就曾指出:信念是心的分析中的中心问题。信念似乎是我们所做的最"心理的"事件,这事件离开由单纯的物体所做的事件最远。全部智能的生活由信念组成,由所谓"推理"的东西从一种信念过渡到另一种信念组成。信念经推理扩张、连缀成信念之网,托起并规范着人的整个精神世界,内在地决定着人生的价值取向,范导着人的生存能力的发挥,并与人的生存能力一起构建着人的生活的"游戏规则"。

信仰则是信念的递升,是信念中的信念。只有那些具有极高乃至最高价值的信念,那些在精神领域占有主导和统摄地位的信念才是信仰。从历史上看,人们所信仰的东西,诸如天地日月、上帝神灵、伟人先知、理想社会、美好主义、优秀思想,无不与人的命运紧密相关,并在人的精神世界中居于主导和统摄地位,从根本上影响和支配着人的所有其他信念。从字面上也可看出,"信念"的落脚点在"念",说明某种观念值得人们记在心中;"信仰"的落脚点则在"仰",仰是仰慕、崇敬,这比谨记在心当然更加推重、更富感情。从词性上看,信念是个名词,信仰则既可以作名词用,也可以作动词用,这更清楚地说明,信仰作为人的一种特殊的精神状态,是每时每刻都在涌动着、倾注着人的理性、情感和意志的。显然,只有对人来说具有极大极高价值的东西,才值得人们心驰神往、身心相许。

二、转型期中国的信仰危机

审视人类历史的发展和变迁都必然地伴随着性质不同、程度不同的信仰危机。对于危机有多种多样的理解,有人理解危机为潜伏的祸机,有人理解危机为生死存亡的紧要关头,也有人理解危机为濒临绝境。我们理解危机为某一特定的事物(小至一个信念,大至一个国家、民族)即将失去自己的规定性。就信仰危机而言,是指原有信仰的全面失落和崩溃。人们通常认为一些天真无知、缺乏知识修养和理性洞察力的小青年或肤浅的人容易产生信仰危机,其实这是对信仰危机的表面和肤浅的理解。这些人固然缺乏信仰,但并不是经过一定的困惑和忧患动摇了自己原有的不合理的信仰,而是初始就没有明确固定的信仰。真正的信仰危机是指原有的良好而固定的信仰，经过一定的困惑和忧患，对自己原有的信仰发生进一步的怀疑和动摇，直至全面的抛弃但还没有确立和无法确定新的信仰的精神意识状态。我们需要的是正视信仰危机而不是害怕信仰危机。在不同的历史时代和历史条件下具体分析信仰危机，采取科学的态度和措施，必然有利于社会的发展和进步。

历史的变迁，社会的转型总是必然地伴随着程度不同的信仰危机。众所周知，目前的中国正处于历史转型时期。这种转型时期，随着政治、经济和文化的变更和转换，带来了各种各样新的社会景象，也带来了各种各样新的危机。在这各种危机中，信仰危机是一种带有总体性从而具有深刻历史影响的思想文化危机。对于这种信仰危机，首先应进行清醒的理性省察，正确地把握住它的特点，唯有如此，才能进一步采取相应措施，重建我们的信仰。

第一，这种信仰危机是当年中国共产党领导中国人民选择马克思主义和共产主义新信仰时，旧的信仰必然失落的一种历史延续。近代中国到"五四"运动前，中国民众已经陷入全面的信仰危机。封建主义的文化根基面对近代世界迅猛发展的现代化潮流，根本无法再有效地为中国民众提供和复制任何信仰，蜂拥而起的各种新的文化思潮又为中国民众提供着各不相同甚至激烈冲突的信仰选择，中国民众真正陷入了马斯洛所谓的"旧的神祇纷纷离去，而新的上帝尚未露面的时代"。虽然新旧交杂呈现出多重的性质（十月革命的炮声，我们最后选择了马克思主义和共产主义），但是，作用了几千年的中国落后的旧信仰毕竟在中国民众的思想深处根深蒂固。

第二，当我们选择了马克思主义和共产主义新的信仰以后，在并不漫长的几十年中，虽然取得了伟大的成就，但也着实出现了一些失误。从信仰的高度或侧面审视这些失误，究其深层的根源，似乎又都最后落到信仰失误上来。如果说，前面提到的那种旧信仰不再有效新信仰尚未确立的信仰危机的主导原因，是对旧的信仰的某种眷恋，那么，这些失误所造成的信仰危机则是对新的信仰的怀疑。当选择了新的信仰以后，由于诸多的历史原因，我们似乎并没有真正把握住新的信仰的内涵，曾有几度信仰上的大起大落，使人们的精神世界震荡不安、飘摇不定。我们并不是要否定这几十年革命和建设的辉煌成就，恰恰相反，只是想从信仰的侧度作一些冷峻的反思，以使我们能保持高度清醒的头脑从而面对进入崭新历史时期的中国社会。现在，我们所面临的转型时期的信仰危机不仅未减少反而又凭加了其他成分，即对马克思主义和共产主义的这种信仰正在遭遇巨大冷却期。这种对新信仰的怀疑一旦和对旧信仰的眷恋发生奇异的结合，则有可能使我们几十年的现代化出现文化上的反弹，使我们在文化建设上出现倒退式的历史复归，所以我们万万不可掉以轻心。

第三，转型期我们所面临的信仰危机的主导方面当然还是在全面确立市场经济以后所产生的思想上全面的不适应性。应该清醒地意识到，这种不适应性决不能仅仅理解为像人们所热衷议论的诸如道德失范、价值多元、秩序紊乱等经验现象的无所适从。它的一个显著的特点是，不再像过去的信仰危机只是停留在政治制度或经济制度的层面上，而是透过社会发展的政治制度和经济制度层面，甚至透过思想文化选择的层面深入到了"为人之本"的深度。一旦达到这种深度，信仰危机便必然地和人生的最高价值取向，和人类生存的终极意义，和社会发展的终极目标等重大而玄远的思想理论问题联系起来。从广度上，中国转型期所面临的信仰危机毕竟是和世界历史的现代化进程相联系的，它毕竟发生在现代文化的背景之上。因此，它不可避免地和现代世界的各种危机有着共同性。弗洛姆曾对中世纪和近代资本主义文明作过一个耐人寻味的比较。他指出，相对于近代文明，中世纪的"主要特点就是缺乏个人自由"，但缺乏自由的个人并不感到孤独。这不仅是因为宗教信仰给人们提供了维系情感、实现精神聚合的超验纽带，而是因为自然经济结构和种族、民族、家族、社团等社会关系与社会组织，给人们提供了确定身份、实现个人归属的有机而稳固的社会母体。这种给人以安全感和归属感的社会母体当然也对人构成了束缚。惟其如此，资本主义瓦解僵死的封建结构，造成个人的自主独立的积极的社会流动，才被看成是一场巨大的历史进步。但问题在于，"个人解脱了经济和政治纽带的束缚，他通过新的制度积极和独立地发挥作用，获得了积极的自由。但同时，他所摆脱的这些纽带正是过去给予他安全感和归属感的那些纽带，人不再生活在一个以人为中心的封闭世界里"。因此,自由意味着孤独,独立意味着疏离,市场竞争给每一个人以成功的希望,也给每一个人强加了被淹死的威胁。生活不再有一个稳定的根基,个人孤零零地面对苍茫的世界,无依无靠。我们现在所面临的信仰危机不正是这种感受和体验吗?这说明它是人类文明进程中一种世界性的现象。不仅如此,我们还看到,由于中国的现代化和世界一些发达国家的后现代化的同一时空性,一些后现代或后工业的文化信仰危机也同时渗透进来,使得中国转型期的信仰危机更加复杂,重建信仰也更为艰巨,它需要我们保持高度的清醒。

三、建立共产主义理想,建构社会主义核心价值观

在社会主义市场经济体制运行过程中,如何引导人们克服信仰危机,树立与时代发展相一致的崇高信仰,成为我们这个时代最引人关注的课题之一。共产主义信仰的产生是科学信仰发展史中的飞跃。共产主义思想是人类思想发展的最高成果,是无产阶级争取自身解放和全人类解放事业的锐利武器。历史和现实告诉我们,共产主义信仰在无产阶级的革命实践中具有无可比拟的重大意义和作用。共产主义从理想转化为现实,必然要经过漫长而艰苦的历程,在前进中会有曲折、会有失败。这就要求一切为这一事业奋斗的人具有坚贞不二的信仰和情操,进行坚持不懈的努力。在当前,坚定共产主义信仰尤其重要。

树立坚定的共产主义信仰,必须依赖共产主义信仰本身的科学性与战斗力。同时,共产主义信仰的真理性与科学性,最终都要通过理论掌握群众与群众的实践来实现和检验,在社会实践中发挥共产主义信仰的优越性、科学性,从而坚定人们的信仰、引领人们的信仰。

树立坚定的共产主义信仰,必须依赖人们的实践与学习。历史进程与现实实践证明,中国共产党人之所以能够带领中国人民克服前进道路上的任何艰难险阻、领导中国人民取得一个又一个伟大胜利,一个重要的原因是中国共产党人不断在实践中坚持学习,坚持树立远大的共产主义理想。正

是有了这些信仰坚定的共产党员,工农群众在党的旗帜下才能重新集合起来,形成"星星之火,可以燎原"之势。在改革开放和现代化建设的今天,社会转型和全球化浪潮的推进给我国社会主义和谐社会建设带来前所未有的挑战,积极参与社会实践、努力学习科学知识从而坚定共产主义信仰,对于我们建设中国特色社会主义至关重要。

中国作为一个社会主义国家,又处于社会主义初级阶段,要实现当代中国社会主义核心价值观的建构,就必须要树立共产主义理想,把共产主义理想和社会主义基本国情、公民价值观相结合。

第三节 以价值共识为依托建构社会主义核心价值观的大众期待

凝练社会主义核心价值观是国内外所瞩目的共同话题。可以说,当今世界文化、政治、经济的交往都渗透着各国的价值观。伴随着全球化的到来,各国普遍交往的扩大,寻求一种共同认可的价值观以促进各国的交往及和平相处已成为普遍共识。对于建设有中国特色的社会主义中国来说,社会秩序的稳定也需要核心价值观的指导。社会主义核心价值体系是建设和谐文化的根本,社会主义核心价值观则是当代中国特色社会主义的思想根基和灵魂支柱。要维系社会主义的制度建设,社会主义核心价值观的建构以及如何实现核心价值观认同成为时代的重大课题。

一、价值共识是前提

我们已经知道价值是指一个客观事物对主体需要的满足。共识则是指一个社会不同阶层、不同利益的人所寻求的共同认识、价值、理想和想法。而所谓价值共识就是指不同价值主体之间通过相互的沟通而就某种价值或某类价值及其合理性达到一致意见。

但在这里我们要区分两个概念,即价值共识和价值认同。在近年来对价值共识的研究中，人们常把价值共识与价值认同相混淆。实际上价值共识包括两个方面，那就是价值认同和价值认异。"价值认同，是指人们对某种或某类价值认可并形成相应的价值观念"。① 有了价值认同，人们之间就有了共同的价值观念。价值认同可以说是一切社会认同的基础，它也是全球化中最让人迷惑不解、歧见纷呈的价值论事实。而"价值认异则是指通过相互沟通，虽然某一价值主体并不认可其他价值主体所肯认的价值，但他基于相互之间历史、文化等方面的差异而完全理解和尊重其他价值主体的价值选择，亦即承认其他价值主体的价值观念及其肯认的价值的合理性"。② 不管是价值认同还是价值认异，从概念中我们都可以看到实现价值共识的确很难，它不仅要求我们在某些情况下认同一些彼此都要遵守的价值，更要求我们能在彼此利益、思想、价值观念不同时，能站在他人的立场尊重、理解他人，与他人形成一定的价值共识。而对于价值认异中国一直就强调"求同存异"，所以说中国实现价值共识是具有历史、社会和思想基础的。

二、价值认同的实现途径

从社会学角度看，价值观属于一个文化体中的深层的精神文化，相对于表层的器物文化和中层的制度文化，它的变迁速度往往比较缓慢。它的形成需要一个长期的历史进程和文化建设过程，才能最终达到系统完备，并逐渐社会化和大众化，真正成为人们自觉遵循的价值标准和终生为之献身的价值目标。价值认同可以归并为两条主要途径：第一是依靠价值主体自身内部的实现；第二是通过价值主体之外的第三方（包括他人、团体、组织、政府等力量），以思想灌输、利益调节、实践养成、机制保障等方式来实现价值认同。

---

① 汪信砚.普世价值·价值认同·价值共识——当前我国价值论研究中三个重要概念辨析[J].学术研究，2009(11).

② 同上.

(一)思想灌输

哲学家康德在 18 世纪就说过:"人们知道什么是真理,不等于知道为什么这是真理;知道为什么是真理,不等于知道应当怎样去做;知道怎样去做,不等于愿意并真正去做。"思想灌输不仅要解决知与不知、懂与不懂、会与不会的问题,更要解决认同的问题。在这里,认同的过程也就是一种选择的过程:当个体对自己所选择的内容认同后,才可能进一步主动地将其内化为自己的意识并决定去实施,因此,灌输是必要的。在方法的层面上,思想灌输主要指有目的、有计划、系统地向受教育者传授社会主义核心价值体系;在工具的层面上,要实现思想灌输就要不断强化表达能力。"一个意识形态的感召力来自它的表达方面,也就是使信徒能够表达自己的要求和愿望的能力……"①我们要及时更新表达方式,充分运用网络、电视、报纸、广播等媒介,克服理论宣传上的形式化、精英化,不断向感性化、日常生活化转变,通过清晰地回答而非回避人民热切关心的现实问题来实现价值认同。

(二)利益调节

价值认同是一个社会实践过程,它深深根植于人类社会经济关系之中。一定的价值观是一定的经济关系和利益关系的反映。价值认同不仅是个人理性的简单追求,隐藏在理性之后的物质动机和利益动机,才是理性的根据和本质。价值认同说到底是一种利益认同。从总价值目标来看,正是利益的召唤,才使价值主体感受到自觉认同价值规范的热情,并真正获得了进行价值认同的动力。马克思说过,人们奋斗所争取的一切,都同他们的利益有关。利益作为一个人价值认知的基础,既决定了价值观的产生、变化与发展,又决定了价值主体对价值规范的认同与选择。归根到底,是利益的需要,才使价值认同成为主体的需要,因而,价值认同实际上是一种利益导向;离开主体的价值认同,永远不能为主体所认同。当然,这里的利益,不仅限于物质的,而且也包括精神利益、政治利益和文化利益等。要以科学发展观为指导,解决和整合不同阶层、不同群体的利益诉求、利益问题和利益矛盾,使人民群众分享到公正、合理、正义的改革发展成果,他们才会从内心深处

---

① 伊斯顿.政治生活的系统分析[M].王蒲劬,译.北京:华夏出版社,1999:355.

真心实意地支持、拥护、认同共产党的领导,真正认同社会主义制度,真正信仰社会主义核心价值观。

(三)实践养成

马克思在《关于费尔巴哈的提纲》中指出:"全部社会生活在本质上是实践的。凡是把理论引向神秘主义的神秘东西,都能在人的实践中以及对这个实践的理解中得到合理的解决。"①后来人们从马克思的这段话中总结出了"社会生活在本质上是实践的"这一命题。社会主义核心价值观要真正发挥作用,必须融入社会生活,让人们在实践中感知它、领悟它。要按照社会主义核心价值观的基本要求,从完善市民公约、乡规民约、学生守则等行为准则做起,健全各行各业的规章制度,使社会主义核心价值观成为人们遵循的日常工作生活准则。要充分利用重大纪念日、民族传统节日等契机,以升国旗仪式、成人仪式、入党入团入队仪式等方式组织开展形式多样的纪念、庆典活动,传播主流价值,不断增强人们的认同感、归属感。要把社会主义核心价值观的要求融入各种精神文明创建活动之中,充分发挥示范作用,吸引群众广泛参与,推动人们提升精神境界、培育文明风尚。

(四)机制保障

建构社会主义核心价值观,不仅要靠思想教育、实践养成,而且要用制度、机制来保障。要充分发挥政策的导向作用,使经济、政治、文化、社会等方方面面的政策都有利于社会主义核心价值观的建设,防止具体政策与主流意识形态相背离。社会管理不仅具有维护生产生活秩序的作用,也应当承担起倡导主流价值观念的责任。要充分发挥政府各级各类管理部门的作用,要把倡导社会主义核心价值观作为分内工作,建立健全有效的激励约束机制,注重在日常管理中体现价值导向,使符合主流意识形态的行为得到鼓励,违背主流意识形态的行为受到制约。

---

① 马克思恩格斯选集:第1卷[M].中央编译局,译.北京:人民出版社,1995:56.

三、建构社会主义核心价值观的导向机制

(一)建构民间组织利益表达机制以推动多元价值观的彰显

关于传统的利益表达方式,马克思在《资本论》第一卷中描述了工人以暴动形式表达自身利益的事件:"他(资本家)可以在支付'正常的劳动价格'的借口下,把工作日延长到超过正常的限度,而不给工人任何相应的补偿。因此,伦敦建筑工人为反对资本家强制实行这种小时工资的企图,发动了一次完全合理的暴动。"①工人的利益表达收到了实效,最后"法律对工作日的限制结束了这种不正当的作法"。尽管这种利益表达方式也能彰显不同阶级的多元价值观,但它是在阶级矛盾极端激化的情形下产生的,在建构社会主义和谐社会的进程当中,这种方式显然不能作为利益表达的主要途径。

要建构现代利益表达机制,首先要重视民间组织的利益表达作用。民间组织的发展和进步,能够提高民众的社会组织化水平,从而形成合理的社会群体,推进利益表达机制的制度化设计。社会实践证明,如果没有大量自治良好的民间组织,利益表达机制就难以完善。中国的民间组织大多是在20世纪80年代末建立起来的,其本身并不成熟,尚处于发育期。这些民间组织的不足在于,结构没有定型,功能还不健全,缺乏自主性、自治性、志愿性与非政府性等成熟民间组织的特征。在未来的发展当中,各民间组织可以成为一定社会群体的代表,通过利益表达影响社会公共政策,比如向决策部门反映问题和提出要求,推动其制定合理的公共政策;或是回应决策机关的请求,对一些专门化政策的制定与实施发表意见,并提出建议;当公共政策对公众利益或群体利益有所损害时,民间组织可以与有关部门进行交涉,维护公众或群体的实际利益。通过构建民间组织利益表达机制,建立在不同阶层利益基础之上的多元价值观得以彰显,这就为各种价值观之间的相互融合提供了前提。

---

① 马克思恩格斯全集:第23卷[M].中央编译局,译.北京:人民出版社,1972:597.

具体而言,建构民间组织利益表达机制,应全面推动我国政治结构、社会结构和市场结构的有机结合,特别是发展和完善弱势群体组织的利益表达机制。各级政府应扶持、规范与引导弱势群体民间组织的创建,提高各种弱势群体的社会组织化程度,为他们疏通利益表达渠道,实现利益表达方式的制度化。与此同时,也要关注中势群体民间组织的发展,提高各种中势群体的社会组织化程度。他们既不像强势群体那么张扬,也不会像弱势群体那样容易走向极端,中势群体是和谐社会的稳定器。这一群体对现实社会的核心价值观与生活秩序往往保持着较强的认同感,因而合理发挥中势群体民间组织的功能,对于建构核心价值认同的利益表达机制具有不可替代的作用和意义。此外,各级政府还应科学规范强势群体的民间组织,引导他们合理地表达自己的利益要求,警惕强势群体独享公共政策。总之,通过对弱势、中势和强势群体的民间组织采取不同的政策,可以让各个阶层的特殊价值观充分表现出来,为价值观的进一步融合奠定基础。

(二)建构多元价值观的融合机制形成核心价值观的大众化表述

在多元价值观彰显出来以后,我们又应当如何推进价值认同呢?笔者认为,应当建构多元价值观的融合机制,从而形成核心价值观的大众化表述。事实上,价值并不是实体,而是存在于主体和客体之间的、客体是否能够满足主体需要、是否有利于主体生存与发展的一种好和坏、善和恶、美和丑、有益和无益的效用关系。因此,价值归根到底是一个关系性概念,它产生于社会实践。人类不同于动物,不是凭借着自己的本能被动地依赖自然,不是单纯地从自然界里获得生活资料,而是用自觉能动的、创造性的实践活动来改造外界事物,以此来满足自己的各种需要。外界事物具有能够满足人的需要的各种属性,但是,这些属性要转化为现实的价值属性,还有赖于实践的改造。人们在改造外界事物和实现价值的过程中,同时也改造了主体自身,提高了主体的各项素质,并且发展出"主体间关系",最终使多元价值观的融合超越了主客体关系,进而建立在主体间性的基础之上。

要实现主体间的多元价值观融合,必须建立"交互主体"的价值观融合机制。在公民社会的研究当中,首先提出"交互主体"概念的是哈贝马斯,他在黑格尔"承认"思想的基础上认为,解决"认同"问题关键在于建立"交互主体"模式。认同关系实际上是一种交互主体性,并且是主体之间的相互承认。在黑格尔那里,认同意味着一种自我意识之间的相互承认与自由关系,对于这一点,利特评价道:"黑格尔对于自我意识的产生所要说的,并非一切都经得住更精细的检验。但是他无疑地已正确地看到了决定性的东西,自我意识之所以能够变成意识到它自身的,仅仅是由于和仅仅是通过它在他者、人性的共存物中意识到自我。黑格尔在'承认'这一名目下讨论这一进程。"黑格尔使用"互主体性"取代了"单主体性",并使其成为哲学的一个主要观点,这一理论取向对哈贝马斯产生了深刻影响。哈贝马斯试图完成从主体性观点到交互主体性观点的转换,于是他在建构交往理论时,将研究的切入点从生产领域移向了交往领域。他降低了人的生产活动意义,并且着力突出人之交往行动的互主体性意蕴,由此,哈贝马斯实现了由物化意识结构向人化意识结构的转变。他说:"自我实现表现出一种自相矛盾的关系,即自我作为人,同所有其他的人相同,但自我作为个体,又同所有其他的个体全然不同。"简言之,由于"交互主体"模式建立在主体间性的基础之上,因而它正好与多元价值观融合的"主—主"关系相契合,这样,多元价值观融合的机制理应选择"交互主体"模式。

那么,多元价值观融合的产物是什么呢?那就是社会主义核心价值观的大众化表述。一直以来,社会主义核心价值观的大众化表述问题始终困扰着马克思主义的理论工作者,此次以24个大众熟知的词汇加以表述比较全面、准确地阐述了社会主义核心价值观,同时又符合普通公民的认知水平。但是,社会主义核心价值观大众化的道路是漫长的,因此,这个问题实际上不是一个理论问题,而是一个实践问题。实践问题只有在实践中才能得到解决,所以在适度引导的前提下,用价值观融合的方法来形成社会主义核心价值观的大众化表述是一个最为有效的方法。

(三)以社会主义核心价值观的导向机制来引领价值认同

在利用多元价值观的融合机制形成核心价值观的大众化表述之后,我们应当建构核心价值观的导向机制反过来引领价值认同。这种导向机制建立的基础在于,采取大众化表述形式的社会主义核心价值观是"最大限度的社会思想共识",是我国不同阶层利益诉求与价值观融合的结果。建构这一导向机制,关键是寻找引领价值认同的着力点,把握关键因素与主要环节,将那些具有先进性和带有全局性的价值观思潮作为引领的重点,从而产生辐射式的社会效应。同时,应当把引领价值认同与解决人民群众最关心、最直接和最现实的利益问题结合起来,不断巩固社会共识的物质基础与群众基础。为此,还应全方位拓展价值导向的领域与渠道。根据党委领导、政府负责、社会协同和公共参与的原则,充分发挥各级党委与政府的领导功能,发挥工会、共青团和妇联等人民团体的桥梁和纽带作用,借助行业组织、社会中介组织和民众自治组织的辅助功能,把社会主义核心价值观的大众化表述形式融入国民教育与精神文明建设的全过程当中,最终实现核心价值观导向机制对价值认同的引导。正如毛泽东所指出的:"我们的要求是依靠多数和照顾全局。"①

在核心价值观导向机制引领价值认同的过程当中,必须尊重差异和包容多样。价值观的多样性与差异性是一种客观存在,以社会主义核心价值观引领价值认同,必须在尊重差异的基础上扩大社会认同,在包容多样的前提下增进思想共识。当然,这种尊重差异和包容多样的做法是建立在坚持社会主义核心价值观主导地位的基础之上的。江泽民说:"在事关政治方向和根本原则的问题上,我们一定要旗帜鲜明,理直气壮,毫不含糊。"在导向机制运行的过程当中,一要注意理论联系实际,二要强调实事求是。对价值认同的引领,不是单纯的学术研究,而是要抓住社会发展中具有全局性和战略性的问题,聚焦于改革开放与现代化建设进程中形成的社会矛盾,把学理研究与解决现实问题结合起来,在人们价值观的深层消除隔阂和化解矛盾,最大限度地把全民族的智慧与力量凝聚起来,从而推进社会主义和谐社会的构建。

在引领的方法上,要以唯物辩证法为指导并灵活运用。首先,要运用历史与逻辑相统一的方法,将各种价值观置于客观的历史进程当中去分析,弄清来龙去脉,深刻认识价值观的本质和发展史,在方法论上遵循思维与存在的统一。其次,要运用静态和动态相结合的方法。从静态来看,特定价值观

---

① 毛泽东选集:第1卷[M].北京:人民出版社,1991:264.

总是表现为特定历史语境下的某种理论主张;而从动态来看,在不同的时期和不同的语境中,产生的一些价值观往往具有某种相似性和内在关联性。只有将静态与动态相结合,才能全面和完整地把握社会多元价值观。最后,要运用思想性和艺术性相统一的方法。大众对一种核心价值观是接纳还是排斥,既与这种价值观的科学性有关,又与传播这一价值观的方式和方法有关。因此,在运用社会主义核心价值观引领价值认同时,应当提倡平民风格,利用民间话语,从而取得价值认同的实效。

第四节 社会主义核心价值观培育的伦理环境

社会主义核心价值观是社会主义核心价值体系的高度凝练和科学概括,从根本上规定着社会主义核心价值体系的基本标志和通俗表达。如何提炼出简明扼要、通俗易懂的社会主义核心价值观是建设和培育社会主义核心价值观的关键。同样,社会主义核心价值观的培育与壮大又必然是一个历史过程,需要多种观点的交流与碰撞,然后形成基本共识,本节从公民认同的视角为社会主义核心价值观的丰富发展提供一种新的思路。

一、培育社会主义核心价值观必须坚持从国家认同到公民认同

我们可以这样认为,社会主义核心价值观既是描述性的,又是构建性的;它既是对当代社会本质文化和基本价值观念的集中体现和全面反映,又是对社会思想文化发展的价值引领;它既要体现国家意志,又需要公民的高度认同。没有公民的认同,社会主义核心价值观就没有提炼的基础。

国家认同是现代公民拥有平稳安定的公共生活场域和方式的必要前提。国家是公共生活最为重要的概念,是公民身份的重要标志,是公民身份的载体,公民的划分首先是以国家为边界的。国家为公民提供公共生活的舞台,并且赋予、确定公民的各项权利、责任和义务。换言之,国家是公民的

憩息之所,更是公民享有其身份资格的根本保障。在人类步入民族国家的今天,几乎所有公民都具有国家的归属。离开国家,公民就处于无家可归的状态,公民身份也因为没有政治依附而消散。因此,在当代社会中,任何公民都不可能游离于国家之外,没有国家的公民是不可想象的。

如果说在国家认同的基础上公民才能迈入公共生活,那么,公民对自我身份的认同则直接关系到公共生活的质量和形态。公民身份的认同,意味着自己对公民身份的意识与自觉,这就是公民意识。公民意识首先是对公共利益的认识。根据社会契约论,公民是因为期待比个体生活更富足安宁的生活状态而迈入社会生活的,社会也总是为了实现某种善的价值而构建的,这种善代表了社会整体的利益诉求。虽然这种诉求代表了所有公民的共同期待,但在特殊情境之中,其不一定完全契合某一特殊个体的利益要求。因此,公民需要奉献精神,只要社会的利益诉求是正义的,那么在一定情境下,公民只有通过必要的付出和奉献,才能保证公共生活的持续运转。在维系社会合作体系的愿望下,人们就正义社会达成共识,期待社会的发展不只为部分人带来利益,而且要惠及所有公民,以巩固业已建立的公民合作体系。

公民意识的另一方面是对公民道德的自觉。公共利益是缔结公民社会的重要媒介,但并非唯一的纽带。自康德以来,人的主体性、不可剥夺的个人权利,是确保每一位公民逃脱被奴役命运的支柱,但是公民社会的关联不仅仅是靠权利,还包含着社会精神和道德文化。完全以利益建立相互关联,将不可避免地造成公民关系的异化。任何公民都不能为了达到自己的目的而利用其他公民,而应该把他人也当做公共生活的目的。公民社会的伦理关系不是为了达到某种个体目的而具有的礼仪或礼貌,而是建立在自由个体间独特的关联方式。公民之间都承认彼此是自由的共同体成员,对他人的人格、尊严和权利予以本真的尊重与维护。在这种联系中,公民之间会充分认识到相互权利的边界,并且对其他成员的自由权利予以真诚的保护;大家对各自权利的认同不完全出于对法律的遵守,而是出于对个人权利本身的尊重;大家都默认相互之间的平等地位,不谋求通过任何方式具有对其他社会成员的个人优先权力。公民由此将认同建立在自由权利之上的公平价值,并且在公共生活之中努力消弭实质权利的不平等,这也是进入当代公共生活的起点。如果大家站在不同的权利起点进入公共生活,所产生的结果一定与公民社会的自由平等价值原则相违背。正因如此,对社会的不公平现象,公民都会具有天然的排斥,并且更多地关注那些处于不利社会状态的人们。同时,公共生活还有赖于公民社会精神,这种精神与公民身份相依相伴,就是对自我的道德自律。在这种精神的支撑下,民主价值便可以得到最大的发扬,也只有在公民自我身份认同的基础上,自由、民主、平等等观念才为所有公民所认同,并且视为自己公民身份中不可或缺的价值要素。

从国家认同到公民认同,公民文化价值观念的重合、共识之中滋养着核心价值观并促进其成长与发展。在国民身份的确认中、在民族特质的形成中、在公民意识的培育中,核心价值观在公共文化的长河里不断积累、生长,最终成为公民社会的文化灵魂,所以,社会主义核心价值观的提炼首先必须考虑公民基本认同的价值基础。

二、基于公民认同的社会主义核心价值观

党的十八大报告用24个字提出覆盖全国各方面意见、反映现阶段全国人民"最大公约数"的社会主义核心价值观的表述。这个表述是分别从国家、社会、个人三个层面进行的。从国家层面看,是富强、民主、文明、和谐;从社会层面看,是自由、平等、公正、法治;从公民个人层面看,是爱国、敬业、诚信、友善。毛泽东一再强调正确处理国家、集体、个人三者利益关系,这三个层面的社会主义核心价值观的表述,也体现了同样的思想方法。在这个基础上,有利于积极培育社会主义核心价值观。

(一)富强、民主、文明、和谐

富强,是中国特色社会主义现代化建设的永恒主题。富强即民富国强,意味着追求人民群众生活的共同富裕,意味着把发展生产力、增强国家的综合国力、实现物质财富的极大丰富作为社会主义经济发展追求的首要目标。富强是社会主义根本价值的反映,可以使人民群众日益增长的物质文化需

求得到更好的满足,工作体面化,生活更有尊严。高度发达的社会生产力,是社会主义存在和发展的物质前提,是战胜资本主义的根本保证。只有实现民富国强,才能为社会主义奠定坚实的物质基础,才能解决前进中的各种困难和问题。社会主义经济的核心价值,就体现在它比资本主义更能解放和发展生产力,社会主义也只有不断解放和发展生产力,才能充分显示自身的价值。发展是硬道理,只有创造出比资本主义更高的劳动生产率,只有到21世纪中叶我国达到中等发达国家水平并实现了共同富裕,才能"向人类表明,社会主义是必由之路,社会主义优于资本主义"。① 因此,我们党必须始终代表中国先进生产力的发展要求,把发展作为执政兴国的第一要务,把解放和发展生产力作为社会主义的根本任务。

民主,是"社会主义制度的内在要求"。马克思主义自产生以来,就以推翻资本主义剥削制度、建立人民民主和每个人都能够得到自由全面发展的公平正义的社会为己任。马克思主义从来没有把民主看成是资产阶级的专利,而是要追求更高程度的全面的民主。毛泽东认为,中国共产党人能够跳出历史兴衰循环的法宝就是民主。实际上,人民民主正是社会主义的生命力之所在。邓小平也指出:"没有民主就没有社会主义,就没有社会主义的现代化。"② 可以说,发扬和保证党内民主,发扬和保证人民民主,是社会主义的核心价值取向之一。江泽民和胡锦涛也多次强调,人民当家做主是社会主义民主政治的本质和核心,发展社会主义民主政治是我们党始终不渝的奋斗目标。我们必须更高地举起人民民主的旗帜,不断扩大人民民主,保证人民当家做主。

文明,特指与物质文明、政治文明相区别的狭义的精神文明,是人类在改造自然和社会过程中所取得的精神成果的总和,反映人类精神生产和精神生活的发展水平。文明是社会主义文化领域追求的核心价值目标,社会主义社会从本质上而言应是高度文明的社会。马克思主义认为,社会主义社会是人类社会迄今为止最高的文明形态,不仅物质极大丰富,人也将彻底

---

① 邓小平文选:第3卷[M].北京:人民出版社,1993:225.
② 邓小平文选:第2卷[M].北京:人民出版社,1995:168.

摆脱异化状态,得到全面的发展。我党在建设高度文明的社会主义现代化国家的文化自觉实践中,对精神文明建设重要性的认识更是由浅入深、逐渐成熟。早在民主革命时期,毛泽东就指出:"要把一个被旧文化统治因而愚昧落后的中国,变为一个被新文化统治因而文明先进的中国。"在改革开放的历史新时期,邓小平更是将社会主义精神文明看做社会主义社会的重要特征。"我们要建设的社会主义国家,不但要有高度的物质文明,而且要有高度的精神文明。"江泽民重申"社会主义精神文明是社会主义社会的重要特征",并多次强调这是社会主义制度优越性的重要体现,"社会主义的优越性不仅表现在经济政治方面,表现在能够创造出高度的物质文明上,而且表现在思想文化方面,表现在能够创造出高度的精神文明上"。文明作为社会主义核心价值观更深层次的意义在于,精神文明是精神上的真正幸福,是自由人的必然生存状态,因而也是无产阶级解放的最终形式。社会主义精神文明越发展,人的思想文化素质越高,人类所获得的自由程度就越高,自由王国的实现就越为迫近。

和谐,这一范畴来自于中国传统文化,但其价值内涵具有鲜明的现代色彩,体现了中国特色社会主义的本质。和谐是中国特色社会主义现代化建设的理想选择。构建社会主义和谐社会,是人与自然和谐相处的社会,是人与人、人与社会和谐相处的社会。社会主义为社会和谐提供了制度前提和社会条件。按照科学发展观的要求,坚持以人为本,做好"五个统筹",更好地协调人与自然、人与人、人与社会的关系,促进人与自然、人与人、人与社会的和谐共处,促进经济、政治、文化、社会、生态的协调发展。

(二)自由、平等、公正、法治

自由,人的自由全面发展,是马克思主义关于未来共产主义社会价值的本质规定,是共产主义最感召人、吸引人、凝聚人的价值理想的光辉。自由,是人类文明发展的共同成果,是人类价值认识中的共识元素,是未来共产主义社会价值理想的要义。把"自由"作为社会主义核心价值观,高度体现了中国特色社会主义核心价值观既积极承接人类文明发展的这一共同成果和人类社会的这一共同价值追求,又高扬共产主义价值理想的这一光辉旗帜,高度体现了我们党坚持最低纲领和最高纲领的有机统一、现实目标与理想目标的有机统一。社会主义核心价值观一方面既要高扬共产主义价值理想的光辉旗帜,另一方面又要结合发展阶段的实际,辩证认识自由与必然的关系,反对抽象意义上的"自由"和自由主义。

平等,是人和人之间的一种关系、人对人的一种态度,是人类的终极理想之一。人和人之间的平等,不是指物质上的"相等"或"平均",而是指在精神上互相理解,互相尊重,把对方当成和自己一样的人来看待。现代社会的进步,就是人和人之间从不平等走向平等的过程,是平等逐渐实现的过程。在构建社会主义和谐社会过程中体现的协调、统一、公平等平等思想,不同于空想社会主义的"乌托邦"式的平等观,也不同于现代一些资本主义国家在建立"福利社会"基础上的平等观,与未来的共产主义社会所提倡的平等也有所不同。我们应从我国正处于并长期处于社会主义初级阶段这一历史阶段中去把握。

公正,是作为个人美德概念出现的。孔子云:"子帅以正,孰敢不正?"这里的"正"意指个人的正直品格。在西方,"公正"一词含有个人正直美德和社会正义秩序的双重意思。亚里士多德指出公正是德性之首,"比星辰更让人崇敬"。公正是处理人与人之间利益关系的伦理原则。公正作为道德范畴,既指符合一定社会道德规范的行为,又主要指处理人际关系和利益分配的一种原则,即"一视同仁"和"得所应得"。公正作为利益分配的原则和衡量标准是基础性的。一个社会没有公正或者说缺乏公正的分配原则,那么在社会中这个"蛋糕"做得再大,也不能确保每一个社会成员分到应得的蛋糕。社会竞争导致优胜劣汰,利益分配相对不均衡,公正对利益分配进行适当的调节,使各阶级、阶层和不同利益群体对利益分配的不均衡保持在"可容忍"的范围内。这样既能最大限度地调动社会成员的积极性,保持竞争力以促进经济发展,又能维护社会稳定。

法治,即法的统治,强调法律作为一种社会治理工具在社会生活中的至高地位,并且关切民主、人权、自由等价值目标。党中央立意高远,深刻把握我国法治建设的规律,将社会主义法治理念概括为"依法治国、执法为民、公平正义、服务大局、党的领导",揭示了社会主义法治的精髓和灵魂,科学地诠释了法治与执政、法治与人民、法治与正义、法治与社会、法治与政党的关系，体现了内容和形式、手段和目的、价值和功利的辩证统一，集中体现了我们党关于法治建设的重大理论观点、重大战略思想、重大政治原则，指明了我国社会主义法治建设的正确方向。社会主义法治理念是一个有机联系的科学体系，五项内容相辅相成，不能相互割裂，也不能相互替代，更不能彼此对立。依法治国是社会主义法治的核心内容，执法为民是社会主义法治的本质要求，公平正义是社会主义法治的价值追求，服务大局是社会主义法治的重要使命，党的领导是社会主义法治的根本保证。

(三) 爱国、敬业、诚信、友善

爱国，是一个公民起码的道德，也是中华民族的优良传统。儒家传统文化强调"舍生取义"，其意义就是为了国家利益，捍卫国家主权，不惜牺牲个人生命。爱国一定程度上是保证人的生存和自由权利的需要。在社会主义制度下，爱国的内涵与以往相比有了质的变化。封建时代执政者强调人们爱国，其本质是维护皇权，人民生活在国中，但国不属于人民。社会主义制度下，实行人民民主专政，国家属于人民，人民是国家的主人。这样，公民爱国，实际上就是爱自己的政权，捍卫自己的根本利益。

爱国主义是中国古已有之的传统。《国语》中记载，鲁大夫声伯出使晋国，他的连襟请晋厉公赐给声伯一块土地，声伯知道后拒绝了，说道："重莫如国，栋莫如德。"他认为，没有比国家更重要的了，而要成为栋梁，没有比具有崇高德行更重要的了。孟子向齐宣王说："乐以天下，忧以天下。"范仲淹把孟子的话发展后在《岳阳楼记》中以"先天下之忧而忧，后天下之乐而乐"而自许。《礼记》中说："苟利国家，不求富贵。"意思是只求有利于国家，不求个人富贵。林则徐根据这句话写出了著名的诗句："苟利国家生死以，岂因祸福避趋之。"曹操在《述志令》中说："投死为国，以义灭身。"表示为了国家而不惜牺牲，为了正义而不顾生死。曹植说："忧国忘家，捐躯济难，忠臣之志也。"杜甫说："丈夫誓许国，愤惋复何有。"韩愈说："以国家之务为己任"。北宋诗人林逋说："忧国者不顾其身，爱民者不罔其上。"指出为国忧劳的人不会顾惜自己的身体和生命，爱百姓的人不会欺骗他的上级。所有这些都说明，人必须热爱自己的祖国。爱国，不仅是老百姓的事，更是各级官员的事。而且，这种热爱不是在口头上，而是要落实在行动上；不仅是在国家有需要时能够挺身而出,为了保卫国家甚至慷慨就义,而且要从平时做起,不贪不怨;不仅是努力工作,而且要尽职尽责,如实向上级反映民生疾苦。这才是真正的爱国主义,这才是核心价值观最重要的部分。

敬业是一个道德的范畴,是一个人对自己所从事的工作负责不负责的态度。道德就是人们在不同的集体中,为了集体的利益而约定俗成的、应该做什么和不应该做什么的行为规范。所以,敬业就是人们在集体的工作中,严格遵守职业道德的工作态度。

诚信是一个道德范畴,是公民的第二个"身份证",是日常行为的诚实和正式交流的信用的合称。诚信即待人处事真诚、老实、讲信誉,言必信、行必果,一言九鼎,一诺千金。在一般意义上,"诚"即诚实诚恳,主要指主体真诚的内在道德品质;"信"即信用信任,主要指主体"内诚"的外化。"诚"更多地指"内诚于心","信"则侧重于"外信于人"。"诚"与"信"一组合,就形成了一个内外兼备,具有丰富内涵的词汇,其基本含义是指诚实无欺,讲求信用。千百年来,诚信被中华民族视为自身的行为规范和道德修养,在基本字义的基础上形成了独具特色并具有丰富内涵的诚信观。诚信是一种人人必备的优良品格,一个人讲诚信,就代表了他是一个讲文明的人。讲诚信的人,处处受欢迎;不讲诚信的人,人们会忽视他的存在。所以,我们每个人都要讲诚信。诚信是为人之道,是立身处事之本。

友善,是指人与人之间亲近和睦。"团结友善"是《公民道德建设实施纲要》中提出的公民道德的基本规范之一。它讲的是公民与公民之间应当如何相处的基本规矩。每一个公民,不论生活在社会主义制度之下还是生活在资本主义制度之下,不论是汉族还是少数民族,都是中华人民共和国这个大家庭中的一员,因此,公民之间应该彼此团结,应该友善他人,建立起一种和睦友爱的关系。

"富强、民主、文明、和谐"、"自由、平等、公正、法治"以及"爱国、敬业、诚信、友善"这24个字,贯穿于中国特色社会主义的经济建设、政治建设、文化建设、社会建设、生态建设的各个领域,是中国特色社会主义核心价值观的集中体现。作为中国特色社会主义核心价值观的集中概括,其内涵、核心和本质不是固定不移、一成不变的,而要随着时代的前进、社会的进步、现实的需要、人的自由而全面发展,与时俱进,不断丰富,日益完善,进而推进中国特色社会主义事业又好又快地发展。

第八章　中国文化是形塑核心价值观的内在依据

中国改革开放30多年的巨大成就举世瞩目,所谓"中国模式"已经成为国际话语便是明证。毫无疑问,文化已成为中国改革的内在驱动力,而文化传统也在改革中自我更新。但与此同时,作为驱动力的中国文化也存在更新动力不足和人们的认识不足等问题,导致对深化改革的制约或钳制。中国的改革开放处于进行时,认真总结和深刻反思改革中文化的贡献,尤其是在未来改革中如何做好中国传统文化的传承和更新,对文化本身的繁荣和发展,对中国改革事业的顺利进行具有重要意义。同样,中国文化也是形塑和培育社会主义核心价值观的内在依据。

第一节　中国传统文化与核心价值观的关联性

一、"传统"在定义域上的分歧,重拾传统文化不等于民粹主义

20世纪70年代末到80年代,"文化热"成为中国改革开放的初始推动力。国人在对"文革"的批判与反思中,寻找中国的现代化之路。于是,西方18、19世纪的启蒙主义思潮著作译介大批进入中国,中国的"五四"运动成为重拾的精神力量,这些现代化的理想和启蒙的热情伴随着文学艺术电影等文化产品迅速传播。同时,这样的思潮也带来学者及大众对传统文化的批判与贬低。20世纪80年代"文化热"的原因大致可从国内外两条线来理解。从国内来看,随着十年浩劫的结束,思想上的拨乱反正需要以文化为依托深

入展开;与此同时,经济发展成为文化领域展开大讨论的推动因素;此外,伴随改革开放的深入,国人世界眼光的扩展必然带来价值参考系的多样化,而这些参考标准与中国传统文化有着截然不同的内容;对照发达国家,难免使我们开始对自己的本土文化产生了种种质疑……因此,文化大讨论的声音逐渐加大。从国际背景看,世界经济一体化趋势在不断加强,改革开放的进行需要中国不断作出调整以适应世界形势的发展。伴随着亚洲国家特别是中国的逐渐发展,中国的经济体制、政治体制、文化体制时常受到西方势力的质疑和批判,因此关于中国发展软实力的体现——文化,我们必然需要进行反思与改变。在这两条主线的交互影响下,处于时代变革期的20世纪80年代的中国,开始了全方位对中国文化的讨论。正如陈平原所说:"我觉得80年代的文学、艺术等,是一个整体。包括寻根文学呀,第五代导演呀,还有文化热什么的,在精神上有共通性。做的是不同的事情,但互相呼应,同气相求。一定要说有什么特点,我想,就是一种理想主义的情怀,一种开放的胸襟,既面对本土,也面对西方,还有就是有很明确的社会关怀与问题意识。"①

在这一时期,中国先后出现了"儒学复兴"论、"全盘西化"论、"西体中用"论等思想流派,犹如春秋战国时期的百家争鸣一般,各个流派都在为自己的观点进行着辩解,并对其他流派思想提出种种质疑。讨论在一定程度上丰富了中国学术水平的发展。但是这些论点都有先天的偏颇,儒学复兴论虽然强调其对传统儒学的扬弃,但是过于强调儒学本体地位而有碍于国人以世界眼光看待改革发展中出现的现时代问题。全盘西化论的片面性显然不符合中国国情。西体中用论看似较为合理,但是其理论的前后矛盾性以及调和矛盾而产生的二元论倾向显然也不符合中国文化的选择标准。

我们说,首先,传统是一个传递性概念,是一个不断赋予新内涵的动态的概念。20世纪80年代的文化热景象,虽然给中国的改革开放带来了精神上的动力,也在一定程度上促进了文化本身的繁荣和发展,但是我们在讨论"传统"的时候,缺乏系统的辩证的认识,因而出现对传统采取否定与抛弃的

---

① 甘阳.八十年代文化意识[M].上海:上海人民出版社,2006:7.

现象。何谓传统,"传而统之"。其"神"在于传递,其"魂"在于统摄人心。传统的概念应该是一种传递关系,是一种承前启后的文化自觉。对我们现代人来说,一方面我们在传统之下生活,另一方面又会从我们现在的生活需要出发,对延续下来的传统不断修正或改造,保持一种富有生命力的,成为民族延续不息的活生生的传统。中国的文化传统就是在历史的长河中不断汲取时代元素而丰富和增强本民族文化的过程,比如佛教文化的传入,与中国的儒家、道家相争相融,最终形成互有渗透的宋明理学;又如近代西方科学文化的进入,西方哲学思想的传播,从进化论到马克思主义,都与中国本土的文化元素紧密结合,成为中国的文化传统;还有中国的旧民主主义革命和新民主主义革命以及中国社会主义革命与建设过程中形成的文化新元素,都或添加或更新着我们的传统。

其次,传统渗透于生活的每一个角落,文化是其主要的依托。传统的精髓是一种统摄人心的凝聚力和影响力,它应该是无形地渗透于社会生活的每个层面,渗透于人们的日常起居、工作、生活的方方面面,成为人们的风俗习惯。所以,不能只从道德、价值、文化等宏观抽象层面予以界定和表述。梁漱溟先生曾把文化规定为三方面内容:"(一)精神生活方面,如宗教、哲学、科学、艺术等是。宗教、文艺是偏于感情的,哲学、科学是偏于理智的。(二)社会生活方面,我们对于周围的人——家族、朋友、社会、国家、世界——之间的生活方法都属于社会生活一方面,如社会组织,伦理习惯,政治制度及经济关系是。(三)物质生活方面,如饮食、起居种种享用,人类对于自然界求生存的各种是。"①如此说来,重拾传统文化并不是民粹主义的表现,而是一种对中国发展的恒常性、有序性、发展性的关注,是文化自觉的一种表现。

正是不断更新传统的内涵,使传统适应和携带现代的元素,才使中国的革命和建设事业不断发展,才使中国在改革开放中产生翻天覆地的变化,其中包括文化的深刻而广泛的变化。这都说明现代文化的建设或文化现代化的过程中,文化传统发挥作用的重要性。

---

① 梁漱溟全集:第1卷[M].济南:山东人民出版社,1989:339.

二、对"现代"的反思,无须迎合西方"现代"的概念,更不要重走西方"现代化"之路

何谓"现代"？即现时代。现时代的概念其实很难概述,因为任何一种概念的表述从发生学角度看都已经成为一种历史观点。有人会说这种看法陷入了唯心的相对主义窠臼,其实不然,"现代"一词的准确把握需要有一种意识,那就是寻找参照物。

"现代"范畴的界定,首先是以"传统"来作为参照的。以传统为标准对现代的事物与思想进行比较,可以找出适合国人物质文化和精神文化发展的真正有意义的东西,就不会频繁出现现时代的一些场景不能为国人所理解的尴尬画面。

中国进入现代,最直接的推动力是来自于西方武力、技术和文化的冲击,由于中国生产力水平的不发达,因此,很容易在先进化、西方化和现代化之间打上等号。中国一度也把现代化仅仅看成主要是经济的现代化,其实质是在演绎别人走过的路。实际上这不是现代化,而是一种对历史的"无谓的缅怀"。越来越多的学者认识到,传统的未必全都是落后的,其中仍有优秀的成分需要继承和发扬；现代的也未必全都是健康的,其中仍有糟粕的成分需要摒弃和剔除。所以,以"扬弃"的态度来认识与处理传统与现代的关系十分重要。经过改革开放的实践,以及发现和及时纠正改革开放过程中出现的问题,我们对现代和现代化的认识更为清楚,从新中国成立初期的"四个现代化",到改革开放初期的"两手抓,两手都要硬",再到党的十六大提出物质文明、精神文明和政治文明的"三位一体"建设,直到十六届五中全会走向"四位一体"(指社会主义经济建设、政治建设、文化建设、社会建设四位一体发展),是中国走全面、协调、可持续发展道路的内在要求。这是我们对现代和现代化的新理解。现代化不仅仅是美式的摩天大楼、快餐模式、高速公路、豪华机场,或者像西方管理模式那样的经济模式。现代化还必须有政治的、文化的、社会的,尤其是人的全面发展的现代化。同时,中国的现代化,还应该是不脱离中国文化传统的,得到中国人自我文化认同的现代化。

换句话说，"四位一体"现代化目标的确定，是对中国特色的现代化目标的重大举措。它不是对现代化的简单模仿，而是创新。事实上，西方的现代化发展道路已经显现了诸多危害人类生存的问题，诸如环境生态的破坏，科学技术无限发展带来的人类安全和伦理问题，以及人类自身在精神心理方面一系列的问题等。

而作为实现中国现代化的文化动力，也必须是与中国特色现代化目标相适应的文化，那就是：在马克思主义指导下，面向世界、面向未来、面向现代化的，民族的科学的大众的新文化。我们认为，这样的文化体现着当代文化的先进方向。因此，在今天，我们既要十分重视在批判继承的基础上去保存和发扬我国民族文化的优秀传统，又要十分虚心地继续向世界各国各民族文化中的一切先进的东西学习，并在新的历史条件下根据建设社会主义现代化国家的需要，去创造能够引导未来的、符合科学规律的、富于民族特色的，又能够满足广大人民群众需求并提升他们整体素质的文化。也就是说，我们是在社会主义现代化建设的过程中把民族文化与现代文化统一起来的。

三、做一个开放的保守主义者还是保守的自由主义者

我们最好不要纠缠在概念游戏中，而是需要实际的行动，需要实事求是的态度和与时俱进的品格。世界文化是多元的，这是由于各个民族在长期的历史发展中形成了各自相对独特的文化传统。但在经济全球化浪潮的推动下，各民族间的文化发生交流、碰撞、开拓、创新，显现出既要守护和继承传统，又要背离和抛弃传统这样两股力量相互拖拽的现象。到底怎样对待传统与现代的纠结，完成传统向现代的过渡，这是走向现代化过程的各民族可能都要面临的难题。

自20世纪90年代以来，中国形成了一些学术思潮，如文化保守主义、自由主义、激进主义、新自由主义、新"左派"思潮……这些主义和思潮主要在学术界里开展讨论，各种主义之间的关系也是复杂甚至有交叉重合的，比

如,有开放的保守主义和保守的自由主义者之称。我们认为,这些所谓思潮和主义的出现,主要还是在文化领域发表对中国文化或西方文化的态度,以推进改革的深入。即以文化保守主义来说,我们同意陈来的观点,"对文化保守主义的研究表明,现代对于儒家思想的有分析的肯定并不是出于对社会改革的排斥,也并不主要基于民族精神或文化认同的要求,而更是出于对社会转型过程中伦理秩序的破坏的关注和对儒家德性伦理普遍价值的认知。"[1]

这两派的观点由于各自加了一个反义的前缀而显得温和了许多,同时彼此间的界限也开始模糊。无论是开放的保守主义者还是保守的自由主义者,只要是认真思考了中国的国情从而给出自己真实的注解的,我们就应该吸收体会。文化发展需要接受不同的声音,需要学术自由讨论的空间。

中国的发展现在需要一种态度,就是要有学习别人和批判别人的勇气。文化上的拿来主义并不完全有效,文化上的大国主义也不可行。中国的发展要有毛泽东时代的不卑不亢、实事求是的态度,也需要邓小平时代的敢为人先、与时俱进的魄力,同样还需要江泽民、胡锦涛时代的中华复兴与"中国模式"的豪迈。

毛泽东思想有三个基本方面,即实事求是,群众路线,独立自主。实事求是是毛泽东思想的精髓、根本点和出发点,是中国共产党的思想路线。实事求是,就是从实际出发,理论联系实际,就是要把马克思列宁主义普遍原理同中国革命具体实践相结合。群众路线,就是一切为了群众,一切依靠群众,从群众中来,到群众中去。独立自主,自力更生,是从中国实际出发,依靠群众进行革命和建设的必然结论。历史告诉我们,实事求是绝对不是刻板地照搬历史的或者外来的理论行事,而是正视问题、解决问题的积极态度,有了这种态度和精神,就能够有效地防止发展过程中急功近利、忽视规律的缺点。而邓小平理论的一大特色是"摸着石子过河"的开拓精神,这种精神也是中国人民勇于创新精神的写照,中国传统文化中的变易思想正是反映行事过程中需要有变通的勇气和具体问题具体分析的灵活性。随着改

---

[1] 陈来. 传统与现代[M]. 北京:三联书店,2009.

革的深入和人们对规律的逐步把握,形成了科学发展观这一比较稳定的全面的发展思想。

在这里强调的中国的文化复兴,是中国当今的历史实践活动的内在要求与现实反映,是中国改革开放深入发展的必然结果。因此,中国的文化复兴,不是对西方自由主义文化照搬照套,也不是中国既往那种建立在封建生产方式和政治体制上的以儒家文化为代表的传统文化,而应该是从中国现在的社会生产方式与交换方式中生长出来的一种"新文化",也同样是核心价值观引领的文化复兴。

第二节 相容性与黏合剂:中国传统文化内在品质分析

首先,儒家文化语境中的"重现实、有为与入世情怀",成为中国人积极参与改革发展的精神动力。

儒家文化的最大特征不仅仅是崇德尚义、纲常有序、重视人伦,将儒家文化加以现时代的提炼,儒家文化的最大精神品质就是具有浓厚的时代责任感,注重社会现实问题,强调社会及个人的道德诉求。

儒家文化重现实,积极进取。纵观历史,中国人的积极进取精神无所不在,不管是"生于忧患死于安乐"的社会责任感,还是"初闻涕泪满衣裳"的国家荣誉感,抑或是"生当做人杰,死亦为鬼魂"的历史使命感,无一不彰显着中华民族心系国家、重视社会问题、积极进取的人生态度。这种入世情怀经过历史上无数战争和动乱,历练成了一种自强不息的社会核心价值——爱国主义。毛泽东曾充满激情地赞颂:"我们中华民族有同自己的敌人血战到底的气概,有在自力更生的基础上光复旧物的决心,有自立于世界民族之林的能力。"党的十六大报告中做过这样的概述:"在五千多年的发展中,中华民族形成了以爱国主义为核心的团结统一、爱好和平、勤劳勇敢、自强不息的伟大民族精神。"团结统一、爱好和平、勤劳勇敢、自强不息是一个完整的统一体,它们各自有着不同的表现领域,但几者之间又相辅相成,不能割裂。这些优秀品质相互影响就表现为儒家语境中的"重现实、有为与入世情怀"。

中华文化是四大文明中唯一从未断裂的文化,这种文化在诸多历史重要关头都能保持不断不灭,正是得益于中国人心中普遍具有的入世情怀,一种心怀天下的民族气息。民族兴旺之时,我们重视文化的引导作用;民族危难之时,我们重视文化的激励作用;民族融合之时,我们重视文化的黏合作用。中国人以儒家特有的重视当代问题的思维方式来有效应对不同情况下的社会问题,使得五千多年的灿烂文明绵延至今。"周虽旧邦,其命维新",一代代中国人始终怀揣维新使命,与时俱进地发展,并在发展中保持了文化的连续性。

近代历史学家曾就中国历史文化的三大特征探讨过三个问题。第一,地域辽阔,人口繁盛,先民何以开拓至此?第二,民族同化,世界少有,何以融合至此?第三,历史长久,连绵不断,何以延续至此?[1] 历史学家认为,从这三个特征来看,中华民族的历史发展必然有一种伟大的力量寓于其中。这个力量就是我们的文化,它给了中华民族伟大的生命力和内在的凝聚力。今天,我们的一个重要任务就是去发掘它、维护它,承担起发展中华民族文化和精神的重大责任。

其次,中国传统中厚德载物的德治文化与理想人格的塑造,成为中国改革的价值指向。

厚德载物的德治文化对于当代中国的政治统治也具有极为重要的借鉴意义。厚德在于强调道德的社会规范作用,载物说明这种规范作用一旦体现,国家各项事业都会顺利进行。儒家重视德性养成和人格塑造的时代意义在于它给我们带来了一种普世价值——和,它不仅体现在超越时空限制而启发生活在现代社会的人们正确对待身边的人、物、事和自己,而且还体现在它对全球伦理的建构也能够发挥积极的参照与借鉴作用。尽管在后现代的话语系统里,没有普世价值,或者说是否需要普世价值,还是一个颇受怀疑的理论问题。但是,发生在不同时间、不同地区的种种危机与冲突,使得全球共识的建立越来越成为一种迫切的现实需要。

此外,我们在强调厚德载物的同时,还必须重视它的前一句是自强不

---

[1] 陈来.构建我们的道德与伦理[N].人民日报,2009-07-29(11).

息。个人自律与道德规范双管齐下,为个体建立人生观和世界观提供一种理想的范式。

再次,"天人合一"思想与和合共生的发展理论,成为中国改革的目标追求。

人与自然的关系,是中国传统文化的一个基本问题,"天人合一"是其核心思想。这一思想强调人与自然的统一,实现人和自然的和谐发展。这一思想对于反思现代工业文明和科技文明所产生的负面效应,重新构建人与自然之间的和谐关系,仍具有借鉴价值。

在中国传统文化语境中,天人合一思想是经过了一步步的演变而不断完善的。古人最早是敬畏自然、崇拜自然的,随着生产力发展,并经过思想教化和国家意识形态的引导,最终形成追求"天人合一"的理想境界。"天人合一"体现的不仅仅是一种世界观,同时也起着西方社会"契约"般的作用,是一种行为规范的有效依据。在当今社会认识"天人合一",当然要批判其中一些封建守旧的糟粕因素,但是其思想体系中所宣扬的人与自然的和谐共处,把天地人都看成是生命共同体,都是在我们的改革发展中应当汲取的价值元素。

还有,无为与有为关系的对立统一,成为中国改革解决矛盾的方式方法。

众所周知,儒家强调有为思想,道家强调无为之道。有为与无为之辨也构成了中国哲学乃至中国文化历史上的主要争论之一。二者的辩证统一关系以及各位先哲尝试从矛盾中找到解决途径的探索也为中国社会发展提供了极为重要的方法论指导。

有为与无为的矛盾关系主要表现为:在人与自然的关系上,"有为"论主张改造自然,征服自然;"无为"论主张顺应自然,复归自然。在人与社会的关系上,"有为"论主张认识社会,改造社会;"无为"论主张无为而治,顺世处势。在人的处世态度方面,"有为"论主张积极进取,刚健有为;"无为"论主张安然处世,逍遥自在,清静无为,甚至超世隐逸或遁入空门。两者的矛盾性和互补性,应当成为我们在改革发展时所具有的思想维度。

比如,在人与自然的关系方面,我们需要吸收"有为"的主观能动性,认识自然、利用自然,同时也要借鉴"无为"的客观规律性,利用自然之时要顺应自然发展之规律,以免破坏行为的发生。在人与社会的关系方面,我们既要遵循"有为"思想,总结社会发展规律,推动社会全面进步,同时也要运用"无为"思想给"有为"过程中的过激行为以合理的纠偏。党中央关于深刻贯彻落实科学发展观的核心要义,就在于重视发展,同时也要重视规律,对经济建设中的不合理思想予以纠正。在人的处世态度方面,对于己,既要自强奋发,敢为人先,也要互帮互助,避免功利性。对于人,我们既要有帮助他人的社会关怀,又要有尊重他人的社会意识。

中国传统文化中上述这些内在品质,在中国的改革发展过程中发挥了极大的动力作用。广大普通劳动者发扬吃苦耐劳的传统美德,成为我国在国际市场上取得竞争优势的重要原因之一;而坚韧不拔的民族性格,成为我们经受住国际、国内风浪考验的重要基础。前无古人的改革事业同全球化浪潮相遇,激发了中华儿女的创新激情,也升华了古老民族记忆中的忧患意识。在复杂多变的国际国内形势下,中国共产党领导全国人民既大胆尝试、勇敢闯关,又虚心学习、认真总结;既在辉煌成就面前居安思危,又在风云突变之际沉着应对;既努力降低改革成本并争取更大收益,又广泛借鉴海外经验并使之适应国情。尤其是,凭着对子孙后代高度负责、为全人类作出更大贡献的崇高使命感,党领导人民不仅勇敢地突破原有发展模式和习惯思维方式,而且及时地把特殊条件下的改革成就转化为经得起实践检验和历史考验的理性承诺和制度安排。这些努力和成就中所体现的中华民族精神品质,成为一笔宝贵的精神财富。①

---

① 童世骏,何锡蓉.中国发展的精神因素[M].上海:上海人民出版社,2008:1.

第三节　普适性与独特性：作为文化价值"中国模式"的生成

一、"轴心时代"文明的共进与单兵突进

雅斯贝尔斯在《历史的起源与目标》中首次提出世界文明史的"轴心时代"这一说法。其指公元前800年至公元前200年之间，尤其是公元前600年至前300年间，是人类文明的"轴心时代"。在轴心时代里，各个文明都出现了伟大的精神导师——古希腊有苏格拉底、柏拉图、亚里士多德，以色列有犹太教的先知们，古印度有释迦牟尼，中国有孔子、老子等。他们提出的思想原则塑造了不同的文化传统，也一直影响着人类的生活。轴心时代的国家，人们开始拥有关怀意识，对国家、世界、宇宙都有了理性的思考，同时在社会实践中不断生成各种超越性的文化意识产物，从而推动人类历史的演进。

不管是西方文化还是中国文化，虽然形态不同，价值观存在差别，但是它们的互动以及各自在其地理范围内的沉淀和交互作用最终推动了整个人类文明的发展。而随着互联网等高科技的全球化应用，各种文明的交互将会变得更加广泛，人类文明的发展脚步也在逐步变快。

当然，经济时代的今天，中西方文化的对立问题也是一直存在着的，人们会讨论东西方文明的碰撞将擦出怎样的火花，是激烈的对抗还是有机的融合？如何在这样的文明发展过程中保持价值的独立、思想的独立、文化的独立是每一位学者必须直面的问题。如今，"中国模式"成了一个国际性的话题，无论到底有没有一个中国模式，中国30多年的改革发展之路已经形成了不同于其他国家的独特经验，同时也表现出一些可与其他国家和地区相比的共同性问题。这提示我们，在世界文明共进的发展演变历程中，要处理

好自身文化体系与外来文化体系的关系问题,既要努力促成各种文化的有机融合,也要保持自身文化的独立性,实现真正的单兵突进。

二、改革时代的"中国精神"锻造

中国的发展除了具备经济等硬实力外,还需要软实力——文化因素的考量应有一整套衡量"文化强国"的标准并加以贯彻。而核心价值,便是衡量一个国家是否成为"文化强国"的最重要的标准,核心价值的具体化表现,就在于形成一种"中国精神"。

我们在谈论美国文化、美国精神时,总会说到自由、民主这样的关键词,就连最简单的一部美国动画片也能体现出美国人强调的核心价值观——自由。这给我们的一个启示就是,要成为文化强国,首先必须形成一个文化符号,然后将这个符号加以深化,成为一种概念模式,潜移默化地影响受众,从而在受众心中形成对自己的直观印象。这是锻造"中国精神"的重要途径,而这种锻造的过程包括以下五个方面。

(一)文化队伍的建构

文化发展归根结底需要以人为依托,何者能够引领社会发展的潮流,能够在思想的制高点发出时代的最强音?这不是一两个学者就能做到的。我们必须建构一个全面的内涵丰富的文化队伍,文化队伍如同一个交响乐队,奏出美妙的共鸣需要钢琴、提琴、管乐、弦乐、打击乐等多重音乐形式的相互配合。我们的队伍不能仅仅注重数量,而是要做到精而广。"精"要求具备扎实的理论与实践基础,"广"要求覆盖文理各个文化领域。当文化队伍涵盖文化的各个领域,并在民众中发挥作用时,文化强国的梦想才能奏出美妙的乐章。

(二)文化产品的生产

文化发展不仅在于呼唤原创性的文化队伍,还在于创造现时代的经典作品。一本好书能够振奋人心给人启迪,一堆好书就能够给一个时代的国人带来思想的共鸣和文化的沉思。不仅仅是书,音乐、电影都应该形成一种价值模式,向外传递当今中国发展给国人带来的思想洗礼。这样的文化作品应该是深深扎根于中国,来源于中国的,并吸取其他民族优秀文化元素的,即符合中国传统又与现时代结合的作品。

(三)文化产业的推广

好的文化队伍、好的文化产品是中国文化强国之路的基石,与此同时,文化产业的推广也对中国文化的传播起到重要作用。随着科技的进步,文化的扩散途径众多且迅速快捷。我们的文化产业建设尤其是传播手段的丰富化直接关系到中国的文化改革能否以积极的姿态最快呈献给世界。文化是一种世界性的事物,不可能闭门造车,文化产业的推广不仅可以使中国的文化事业对外展示,同时也可以更好地将世界先进文化理念以迅捷的方式吸收过来,从而全面地推动中国文化事业改革。

(四)国人文化素质的提高

国人素质的提高,关键在于教育。1992年,建立社会主义市场经济这一经济体制改革的基本目标确立以后,我国的科技教育事业也随之进入了一个崭新的阶段。1993年2月,党中央和国务院发布了《中国教育改革和发展纲要》,确定了到20世纪末我国教育改革与发展的基本目标和任务。同年,八届全国人大常委会第二次会议通过了过我历史上第一部科学技术基本法《中华人民共和国科学技术进步法》,国家教委开始实施"211工程"这项以支持科学研究基地为主的国家计划。1995年5月,中共中央、国务院作出《关于加速科学技术进步的决定》,首次提出"科教兴国"的战略。1997年,科技部开始实施"973计划",这是继自然科学基金和攀登计划后又一个高强度的以支持基础研究为主的国家计划。1998年,教育部实施重点支持国内部分高校创建世界一流大学和高水平大学的"985工程"。进入21世纪之后,党中央又在"科教兴国"战略的基础上,提出"人才强国"的战略,《中华人民共和国国民经济和社会发展第十一个五年规划纲要》明确要求把科技进步和创新作为经济社会发展的重要推动力,把发展教育和培养德才兼备的高素质人才摆在更加突出的战略位置,努力建设创新型国家和人力资本强国。

(五)文化的大众实践

与此同时,文化建设必须坚定不移地推进大众实践。据国务院研究室

2006年4月发布的《中国农民工调研报告》显示,农民工在我国第二产业从业人员占58％,第三产业占52％,已成为支撑我国工业化发展的重要力量,此外我国农村劳动力中接受过短期职业培训的占20％,接受过初级职业技术培训或教育的占3.4％,接受过中等职业技术教育的占0.13％,而没有接受过技术培训的高达76.4％。这一报告提供的数据给我们以启示,就是农民工在国家经济发展过程中的作用在日益凸显,另一方面,伴随作用凸显的不是农民工知识储备的提升,而是农民工受教育程度依然偏低。由此可见,要想真正推动文化素质在国人当中的深入,必须大力发展教育以及各项培训,坚定地实行文化大众实践的道路。

三、中国文化在中国改革中的价值向度

中国改革正在进行之中,要进一步深化改革,走中国特色的社会主义现代化之路,我们需要更加重视文化的作用,尤其在价值向度上为改革提供精神支撑。

（一）重拾艰苦奋斗精神,作为社会主义现时代的民族精神

"中国式成功"的起点,并不局限于从1978年中共十一届三中全会以后的改革开放。中国传统文化精神,尤其是新中国成立前的革命传统对人的精神的支撑是中国特色社会主义市场经济发展不可或缺的应有之义。中国传统文化中勤俭廉正的道德取向是古人立身修德的基本要求,也是其他道德范式形成完善的原动力,体现了中华民族吃苦耐劳的良好品德和坚忍不拔的创业毅力,体现了传统文化崇尚勤俭、廉明正直的价值取向。

"强本而节用,则天不能贫。"节约作为一种美德,不仅仅是简单增强节约意识的问题,也不仅仅是培养科学消费方式的问题,而是事关经济社会能否实现可持续发展的大问题。节约的同时,必须有奋斗的精神,这种奋斗告诫我们不管是小康社会还是温饱时代,奋斗的进取精神都是中华民族一以贯之的优秀传统,应该在社会主义现时代得到积极的弘扬。

(二)重视学习创新精神,作为中国对话世界的文化精神

任何时代中创新都是一个永恒的话题。我们所处的生活状况在不断变化,我们对待生活的态度也会自觉不自觉地产生变化。对作为时代精神的思维方式和生活方式总结与反思的哲学观也就必然会不断创新,以适应新的条件和环境。具有中国特色的社会主义理论开辟了创新的新路径,比如,把工作重心适时转移到经济建设上来,是对以阶级斗争为中心的社会主义模式论的突破;中国特色的"社会主义初级阶段理论",是吸收毛泽东新民主主义论的思想创造,是对前苏联社会主义"超阶段论"的突破;改革开放的方针与政策,是对封闭、教条的前苏联社会主义模式的突破;实事求是,从提高人民生活和民生需要出发发展社会主义经济,是对前苏联国民经济重工业化和重工业军事化模式的突破;社会主义市场经济是对斯大林否定市场的计划经济体制的重大突破;中国特色社会主义是从体制模式层次上对前苏联模式和斯大林体制的全面突破。

正是这"破—立"的创新之举,中国的发展才取得了世界的侧目,面对未来任重而道远,唯有秉承创新的精神,中国才不会在世界竞争中丧失主动权。

(三)秉承以和为贵精神,作为中国承担国际责任的时代精神

中国的崛起,带来的责任也随之加大。做负责任的大国也是中国政府在国际舞台上的自觉定位。我们要秉承传统文化中"以和为贵"的思想,对内重视"四位一体"建设,对外履行国际义务,自觉践行"和平崛起"的口号,坚定地遵循中国政府21世纪的三大目标,即实现现代化建设、实现国家的最终统一、维护世界和平与促进共同发展。历史的发展经验告诉我们,只有和平的环境才能发展各项事业,和平宽松的国内外环境不仅对中国而且对世界的发展都有着重要意义。

(四)坚持实事求是精神,建构和谐发展的当代中国哲学

中国共产党人把马克思主义普遍原理与中国实际相结合的创举,始于毛泽东,成于邓小平,构成两次大的飞跃。改革开放以来,勇敢突破"两个凡是"禁锢,重新确立和发展了中国共产党实事求是的思想路线。"实践是检验真理的唯一标准"和"实事求是"一直是我党政治理念的核心内容。中国

特色社会主义现代化发展之路,从"四个现代化"到"四位一体",从计划经济到市场经济,从发展是硬道理到科学发展观,一系列理论、政策的调整和发展都反映了实事求是、与时俱进、和谐发展的品格。实践告诉我们,唯有尊重客观规律,从实际出发才能真正实现社会的和谐发展。因此坚持实事求是思想的精神,对于中国社会的长久发展具有重要的理论价值。

第四节 改革与中国文化复兴的二重性:挑战与嬗变

一、外来文化的侵扰

由于西方世界目前处于世界文化、经济领域的话语主导权地位,也由于我们在改革开放中吸取与市场经济相适应的文化价值,同时也会受到这些价值观带来的负面影响,比如经济至上主义、消费主义、个人主义等。实际上,这些负面因素已经成为我们深化改革的障碍,如果对此没有足够的认识,中国文化改革的动力,中国文化的复兴将成为一纸空谈。

(一)经济主义

经济主义,19世纪末20世纪初形成于俄国工人运动内部的一种以单纯追求工人眼前经济利益为特征的机会主义思潮。这种思潮的观点主要体现为,它打着批评自由的旗帜,对马克思主义进行恣意篡改;它对马克思主义的革命理论予以否认,从而也就否认了工人阶级斗争的重要意义,它维护组织上的涣散状态和手工业方式,使无产阶级在政治上成为资产阶级的附庸;该思潮崇拜经济改良,宣扬庸俗的经济决定论。

经济主义对我国的影响主要体现在,随着改革开放的深入,人们的视野得到史无前例的拓展,经济落后的现实使得国人自觉地以经济建设的成绩来获得世界的重新认可和接受,这种强烈的主观动机以及西方世界经济发展所呈现的种种美好场景,让国人无时无刻不想着一个关键词——发展经济。发展经济的强烈愿望,加上市场经济体制在创立伊始的不完善和人们在选择上的模糊,经济至上的思想在中国有了相当的影响,以至于产生了一些只重视经济效益而忽视人文关怀和精神灌溉的不良后果。

(二)消费主义

中国经济社会的巨大进步产生了两个方面的结果:一是人民收入增加,人居消费支出增加;二是人们对服务和奢侈品的消费需求增加。国家统计局有资料显示:在11.4%的国内生产总值的增长中,消费、投资、净出口分别拉动4.4、4.3、2.7个百分点。2007年消费对国内生产总值的贡献7年来首次超过投资。专家认为,2007年发生的这一结构性变化,意味着中国经济增长方式出现拐点。同时,我国的信用卡消费额也在逐年攀升,信用卡产品的生命周期也从2002年开始的成长期走入成熟期。

历来崇尚节俭的中国人,在全球化浪潮中,不可避免地卷入消费社会的价值选择中。如何有效避免市场经济的享乐主义思想对社会主义社会市场经济的制度保障机制和"道德监护权"作用的淡化,如何规避炫耀性消费对创建节约型社会以及深入可持续发展战略的影响,如何排除生产过程中的非理性因素,是关系国家正常发展,以及中国文化有效延续的关键点。

二、内在文化缺乏更新动力

(一)兼容并包的思想内核未被有效提取

中国传统文化的一大特征就是包容,这种包容在于两个方面:一是对不同事物都有一种主动吸收的姿态,从而不断丰富自身文化;二是在吸收过程中重视自我文化的价值主体地位,这也是我们的文化长河绵延许久且地位坚实的最重要因素。而我们现时代的中国文化发展道路有一种趋势,即我们也重视对各种文化的吸收,但这种吸收更多的是被动的吸收,同时,由于缺乏对事物的主动探知,我们的吸收具有盲目性,主体价值观念受到了外来文化中负面信息的干扰。中国传统文化的兼容并包的思想内核没有被有效提取,从而造成了当今中国社会价值观念激烈碰撞的局面产生。

（二）文化教育体制的不完善

文化的发展应该凸显教育的力量，而我们更多地重视了知识（器物）层面的宣传，缺失了对人性的深层思考。文化改革应该作为提高国家软实力的措施加以深化，但是要注意，文化是一种需要历史沉淀的社会现象，制度层面的改革取代不了社会范围内的教化。

三、改革与振兴传统文化的统一性

2008年7月13日，德国学者塞巴斯蒂安·海尔曼在《星期日法兰克福汇报》上指出："中国人脱离了西方的模式，他们致力于一种与传统、现代和民族主义元素有关的新领导模式。某些思想先驱完全公开地说，现在我们在建立一个自己的制度，我们不要个人主义、多元论和西方的自由概念；相反，我们需要一个强大的、关心我们的国家，他通过定期磋商的方式而不是选举的方式与公民的意愿相连。"

中国不应该只满足于物质财富在30年来的直线增长，而应该像她在历史中曾经起到过的作用一样，积极倡导并创造出一种新型文明体系，实现中华文明的复兴与重建。今天的我们必须面对的主要有三大关系，即现代化、传统、社会主义。

现代化是一种发源于西方但今天已经成为具有普世价值的生产与生活运动，中国人无疑也在追求现代化。传统是以儒家为主体的历史与文化沉淀，是今天绝大多数中国人所无法丢下和放弃的精神家园。而社会主义则是马克思主义指导下的思想方法、政治制度、社会制度与国家体系，通过60多年的意识形态作用，社会主义已经成为一种深入人心的理想追求。积极整合现代化、传统、社会主义三大关系应该是重建中华文明的重要切入点。

（一）传统文化的包容性与现代文化的时代性的统一

包容意味着一种宏大的胸襟，敢于接受外来先进事物。历史证明，关起门来搞建设是行不通的，要想发展经济、发展文化，必须具有开眼看世界，勇于突破的决心。当然如果只有开放的胸襟也不足以使中国文化长远有序地发展,中国文化的包容性的另一面特征在于合理吸收外来文化的同时,保持自身文化的主体性地位。不论是汉唐盛世,抑或是康乾时期,不管国家的统治阶级意识形态如何,中国传统文化尤其是以儒家为代表的儒释道文化始终成为中国社会发展中文化构成的主线。这条主线的保证,让中国传统文化源远流长。

(二)传统文化的协调性与现代文化的制度性的统一

无论是儒家思想中强调的天人合一、以和为贵以及崇德尚义,抑或是道家思想所宣扬的无为思想,以及佛教所倡导的轮回之说,传统上的中国主流哲学思想都具有一个统一的价值向度,那就是重视协调性。这种协调性包括两个方面:一是人与自然的协调,二是人与人的协调。今天,我们在向现代化迈进的时候,过多地注重和强调了战胜自然、人定胜天,过多地赞美和展现了人类改造世界和征服自然的能力。但是,由此带来的后果,是我们的生存环境在不断恶化,而这样的局面与中国传统文化中强调天人协调的思想截然相反。在人伦关系的协调方面,传统文化中的三纲五常固然要批判,但尊老爱幼、崇尚孝道、厚德载物的价值观念对于我们今天国人思想意识的塑造依然具有极其重要的现实意义,这是中华民族的文化结晶,是世界文化的重要组成因素。

现代文化尤其是文艺复兴以来所提倡的"契约"文化随着改革开放的推进也在影响着国人的思维模式,将社会发展予以制度化这是文明社会前进的必要途径。它以法律的效力规范了人们的行为,避免了道德维护中所不具备的公约力。现代文化的制度性原则必须在强调依法治国的今天得到强化。

我们的文化发展必须做到将传统文化的协调性与现代文化中的制度性原则做到有机统一,发挥前者的人伦规范作用,重视后者的法律约束作用,两者的统一,才能使传统文化得以在现时代有效发展,才能使现代文化依然留有中国传统文化的内核,社会主义的文化事业才能长久繁荣。

(三)社会主义的核心价值与传统文化的内涵性的有机统一

文化是和政治、经济等密切相连的,但同时具有独立性与历史延续性。从这一点上来说,文化又超越了政治、经济。好的政治、经济秩序能够带动文化的繁荣,从而互动形成和谐稳定的机制;差的政治、经济秩序必然导致文化的割裂与新文化的兴起,从而引发政治、经济秩序改良的产生或革命式的重建。

社会主义核心价值观建构框架的初步达成,决定了社会主义核心价值观的意识形态性质和民族形态;现有的社会主义核心价值观,则反映着社会主义核心价值体系的价值追求、价值理想、价值取向和价值规范。毫无疑问,积极培育与践行社会主义核心价值观,必须立足于"社会主义制度与建设"和"社会主义社会的人"这两大主题。关于前者,基于"五位一体",可以抽象出"富强、民主、文明、和谐",而作为后者,则要体现人的自由和平等。但培育与践行是双重的逻辑,理论可以推动实践的创新发展,同时,实践又是丰富、壮大理论的动力。在社会主义核心价值观培育与践行的过程中,不可回避的第一命题便是"中国特色"与社会主义相关的"本质"、"制度"、"政党"的内在现实性。

参考文献

[1] 莫尔.乌托邦[M].戴镏龄,译.北京:商务印书馆,2006.

[2] 康帕内拉.太阳城[M].陈大维,黎思复,黎廷弼,译.北京:商务印书馆,1997.

[3] 安德里亚.基督城[M].黄宗汉,译.北京:商务印书馆,2005.

[4] 苗力田.亚里士多德选集:伦理学卷[M].北京:中国人民大学出版社,1999:103.

[5] 弗里德里希.超验正义——宪政的宗教之维[M].周勇,王丽芝,译.北京:三联书店,1997:30.

[6] 中共中央文献研究室.十六大以来重要文献选编:中册[M].北京:中央文献出版社,2006:711-712.

[7] 康德.道德形上学探本[M].唐钺重,译.北京:商务印书馆,1957.

[8] 黑格尔.法哲学原理[M].范扬,张企泰,译.北京:商务印书馆,1980.

[9] 黑格尔.历史哲学[M].王造时,译.上海:上海书店出版社,1999.

[10] 鲍曼.共同体[M].欧阳景根,译.南京:江苏人民出版社,2003.

[11] 哈佛燕京学社.公共理性与现代学术[M].北京:三联书店,2000.

[12] 韦伯.新教伦理与资本主义精神[M].阎克文,译.北京:三联书店,1987.

[13] 华勒斯坦.现代世界体系:第1卷[M].罗荣渠,译.北京:高等教育出版社,1998.

[14] 华勒斯坦.历史资本主义[M].路爱国,丁浩金,译.北京:社会科学文献出版社,1999.

[15] 德里达.马克思的幽灵[M].何一,译.北京:中国人民大学出版社,1999.

[16] 亨廷顿. 变化社会中的政治秩序[M]. 王冠华,译. 北京:三联书店,1989.

[17] 樊钢. 公有制宏观经济理论大纲[M]. 上海:上海三联书店,1992.

[18] 罗素. 中国问题[M]. 秦悦,译. 上海:学林出版社,1996.

[19] 梁漱溟. 中国文化要义[M]. 上海:学林出版社,1987.

[20] 何兆武. 思想解放史录[M]. 海口:海南出版社,2003.

[21] 赵馥洁. 中国传统哲学价值论[M]. 西安:陕西人民出版社,1991.

[22] 高德步. 西方世界的衰落[M]. 北京:中国人民大学出版社,2009.

[23] 李德顺. 关于社会主义核心价值观的几个问题[J]. 上海党史与党建,2007(7).

[24] 周玉国,石曲. 公共理性与和谐社会[J]. 安徽大学学报:哲学与社会科学版,2009(1).

[25] 汪受宽. 孝经译注[M]. 上海:上海古籍出版社,2004.

[26] 陈鼓应. 老子注译及评价[M]. 北京:中华书局,2009.

[27] 杨伯峻. 论语译注[M]. 北京:中华书局,2006.

[28] 杨伯峻. 孟子译注[M]. 北京:中华书局,2005.

[29] 朱熹. 四书章句集注[M]. 北京:中华书局,2011.

后　记

　　这是我在安徽教育出版社出版的第 4 本书,当我再次面临收官时,感慨良多。首先当要衷心感谢万直纯兄多年来给予我的帮助和关爱,谢谢田海明兄宝贵的支持和帮助。感谢恩师刘林元教授再次给本书作序,从而为本书提升了境界。感谢师兄周显信博士、双传学博士多年来给予我的帮助。特别不能忘怀的是我国著名科学社会主义专家包心鉴兄多年来给予我的指点。感谢我的研究生孔洁为本书收集资料所付出的劳动。感谢我的研究生许静在第四章,孔洁在第六章初稿写作中的贡献。感谢编辑的精心打造,才会有现在呈现在读者面前的这本书的模样。

　　其实,当代中国人的价值观具有明显的边际性。所谓边际性的价值观,就是多种价值观,古典的、当下的、规范的价值观,在边际之间寻求界定却又难以准确界定的价值观。它表现出与各种既有的价值观构成相类似又不足以明确归类的状态。因此,它不是一种规范性的价值观。在中国,一切价值观都在边际游走。比如断言中国没有集体关怀,但中国人对集体终究比西方人更关注;比如说中国人纯粹讲功利,但生活中却存在大量的利他行为;比如断定中国人纯粹追求个人利益,但现实中总是不断有声势浩大的公益活动;比如说人们对狭隘私利无比偏好,但人们在维权中更多强调和体现出的是正义追求;比如说中国没有制度化的平等建构,但人们对平等的强烈渴望毫无疑问已成主流。然而如果断言自由、平等、博爱、民主、法治、科学这些基本的现代价值观,已经鲜明地体现在中国人的价值生活世界中,从而可以用来衡量今天中国人的价值结构,那显然为时过早。

　　那么,是否可以确认当代中国人的价值观体现出行为导向的模糊性?在当代中国,一个人的行动究竟是基于什么样的价值判断,有种说不清楚的感觉。换言之,人们对是非善恶的价值判断,对现实世界进退的权衡,对趋利避害行动的决断,究竟是基于一种什么样的理念而进行的相关选择,未曾了然于心。价值模糊化导致人们对行为价值判断的疏离。当代中国人价值观的构成性特点是边际的、模糊的、不确定的。但这并不意味着当代中国人价值观没有凸显引导人们行为选择的核心理念。尽管凸显而出的主流核心价值还不明晰,甚至时有悖反,然而价值观的基本轮廓仍然崭露出来。对于中国来讲,如何集聚起持续发展的价值动力,是一个如何有效建立功利导向的问题。30多年来,中国在经济世界的活动,是人性获得解放的主要动力源,它使人的生活获得尊严,使人明确认知"仓廪实则知礼节,衣食足则知荣辱"。功利价值是撬动中国人重新进行价值思考的动力,而不是价值灾变。正是基于如上思考,我才大胆应约写了这本书。同时,还因为我被纳入中国哲学点招收马哲博士生,我不得不多关注一些中国传统价值观,特别是儒家的价值观。可我面对甚嚣尘上的儒家价值观的复古潮,深深感到忧虑,其实,人们总是单向度地鼓吹这种价值观,而很少建构性地批判。比如,儒家价值观的弊端,首先便是帝国专制制度对奴性的培育,以致独立人格无法确立。还有就是儒家教义对终极信仰的制止。它把所有人的关系限定在人和人之间的关系,放弃了人和自然的和谐关系,也放弃了人和神的关系,放弃了内在的超越和终极关怀。再者就是只强调熟人文化,不太关注公平正义,公平正义总是被熟人的人脉所压倒。对于此,我急欲表达一种新的价值指向的冲动,诚如恩师刘林元先生所言,这是一个"不容易把握的题目",可我还是大胆地吃了螃蟹,求教各位方家。写作此书时,正是举国提炼核心价值观热潮时,如今,党的十八大已亮出24个字的倡导,我依然觉得探索并未终结,沿着培育与践行的轨迹,社会主义核心价值观将会更加科学、丰硕和强大。

    本书系"建设马克思主义学习型政党研究"国家重大招标项目(09&ZD004)阶段性成果。

裴德海

2012年11月于合肥